Josef Rabenbauer / Gabriele Michel
Sich selbst erforschen

Josef Rabenbauer / Gabriele Michel

Sich selbst erforschen

Als tägliche Praxis
und spiritueller Weg

Mit Übungen
und Exkursen
in die Neurobiologie

Arbor Verlag
Freiburg im Breisgau

© 2013 Arbor Verlag GmbH, Freiburg

Alle Rechte vorbehalten
1. Auflage 2013

Titelfoto: © 2013 Huib van Schelven (www.neuenzell.de)
Lektorat: Richard Reschika
Druck und Bindung: Westermann, Zwickau
Hergestellt von mediengenossen.de

Dieses Buch wurde auf 100 % Altpapier gedruckt und ist alterungsbeständig. Weitere Informationen über unser Umweltengagement finden Sie unter www.arbor-verlag.de/umwelt

www.arbor-verlag.de

ISBN 978-3-86781-070-8

Wichtiger Hinweis
Die Ratschläge zur Selbstbehandlung in diesem Buch sind von den Autoren und vom Verlag sorgfältig erwogen und geprüft worden. Dennoch kann eine Garantie nicht übernommen werden. Bei ernsthafteren oder länger anhaltenden Beschwerden sollten Sie auf jeden Fall einen Arzt oder einen Heilpraktiker Ihres Vertrauens zu Rate ziehen. Eine Haftung der Autoren oder des Verlages für Personen-, Sach- und Vermögensschäden ist ausgeschlossen.

Inhalt

Danksagung		9
Vorwort von Hunter Beaumont		11

I Selbsterforschung
Was ist das?   19

II Einführung
Psychotherapie und Spiritualität   25

III Wer bin ich?   31

1. Wer bin ich – wenn ich im Kontakt mit meinem Wesen bin?
   Achtsam in Einklang mit der Seele kommen   33

    Achtsam: zur Haltung des Selbsterforschens   33

    In Einklang: eine Vision   40

    Die Seele: zum Verständnis der Seele in der Selbsterforschung   52

2. Wer bin ich – wenn ich mit dem Ego identifiziert bin?   61

    Zur Genese von emotionalem und psychischem Leid
    Verlust des Kontakts zum eigenen Wesen   61

    Das Ego-Ich
    Versuch einer Definition   63

    Das Ego-Ich als vorübergehende Identität   65

    Das Ego-Ich als Abwehr   70

    Vom Ich zum wahren Selbst   77

Das Ego-Ich im psychotherapeutischen und
im spirituellen Diskurs ... 79

IV Schritte der Selbsterforschung ... 81

Zur Praxis der Selbsterforschung ... 87

Die Haltung bei der Selbsterforschung ... 91

V Themen der Selbsterforschung ... 97

1. Wut und Ärger als Quelle innerer Kraft ... 103
2. Angst und 115
3. ...Vertrauen ... 127
4. Über-Ich – Innerer Richter:
   zum Umgang mit Kritik ... 141

   Wie wirkt das Über-Ich im Prozess der
   Selbsterforschung? ... 147

   Die Kraft des Über-Ichs ... 155

   Anleitungen zum Umgang mit
   Über-Ich-Attacken ... 158

VI Selbsterforschung im Alltag
Mitgefühl und Liebe zur Wahrheit ... 161

Anhang ... 177

Anmerkungen ... 179

Quellenverzeichnis ... 183

Literaturhinweise ... 185

Seminarhinweise ... 186

Verzeichnis der Selbsterforschungsübungen ... 187

Zu den Autoren ... 188

Vor zwanzig Jahren habe ich eine Reise an den Amazonas gemacht, allein, ohne den Weg zu kennen oder das Ziel. Für mich ist die Selbsterforschung seit dieser Reise das größte Abenteuer meines Lebens. In der Verbundenheit mit der Natur damals und in der Verbundenheit mit anderen Menschen jetzt – beide Male bin ich unterwegs zu mir selbst. Beide Reisen lehren mich Staunen, Ehrfurcht, Dankbarkeit und Demut.

Silke
eine Gruppenteilnehmerin

Danksagung

Mein Dank gilt meinen Lehrern, ohne die dieses Buch nicht hätte entstehen können.

Besonders hervorheben möchte ich A.H. Almaas, den Begründer des „Diamond Approach"; die Selbsterforschungsarbeit („Inquiry") ist ein wesentlicher Teil dieses Wegs. Mit dem „Diamond Approach" hat Almaas (Ali Hameed) ein tiefes Verständnis und einen für viele Menschen gangbaren Weg der spirituellen Entwicklung unserer Seele geschaffen. Besonders seine Synthese aus psychotherapeutischem und spirituellem Wissen, die Integration westlicher und östlicher Spiritualität sowie die Entdeckung der „Persönlichen Essenz" faszinieren mich. Diese Arbeit hat mich zutiefst geprägt, immens unterstützt und begleitet mich seit langem und weiterhin.

Mein Dank gilt auch meinen anderen Lehrern in der Ridhwanschule.

Hunter Beaumont hat mich als Erster zur Selbsterforschungsarbeit hingeführt. Ihm verdanke ich meine Liebe zu dieser Arbeit und viel Handwerkszeug für meine psychotherapeutische Praxis. Seine Haltung – der unbedingte Respekt für den anderen und die Ehrlichkeit gegenüber sich selbst, auch den eigenen Begrenzungen gegenüber – hat mich inspiriert.

Gila Rogers hat meine innere Arbeit mit ihrer Feinfühligkeit und Präzision vertieft und durch ihre differenzierten Erkenntnisse und Wahrnehmungen erweitert. Die „Bewegungen der Seele"® sind ein wesentlicher Aspekt ihrer Arbeit, die ich sehr schätze – ihre unbedingte Treue zur Wahrheit berührt mich.

Meiner Co-Autorin Gabriele Michel möchte ich aus ganzem Herzen danken für ihr Feingefühl für die Thematik, für ihre Liebe zum Schreiben und zur Sprache, und dafür, dass sie meine eigene Freude am Schreiben geöffnet hat: eine enorme Bereicherung. Es wurde eine Freude, dieses Buch gemeinsam zu schreiben und dabei die Qualitäten von Stimmigkeit und Klarheit immer wieder zu finden.

Ein großer Dank geht auch an unsere „Probeleser", die wichtige Feedbacks gegeben und dieses Buch dem Leser näher gebracht, es lesbarer und verständlicher gemacht haben. Die Teilnehmer an meinen Selbsterforschungsseminaren und meine Patienten haben mit ihrer Freude am Selbsterforschen und mit ihren spannenden – auch für mich immer wieder neuen – Entdeckungen entscheidend dazu beigetragen, dieses Buchprojekt zu verwirklichen.

Herrn Lienhard Valentin vom Arbor Verlag danke ich für seine unbedingte Offenheit gegenüber dem Projekt, sein Gespür für das Leserinteresse und seine durchgängige Unterstützung dabei, dieses Buch erscheinen zu lassen.

Josef Rabenbauer

Vorwort

Manche Wissenschaftler lehren, das Universum bestehe aus nichts als Atomen, die sich entsprechend ewiger, unabänderlicher Gesetze bewegen, und freie Wahl sowie freier Wille seien ebenso Illusionen wie Bewusstsein. Dieser Überzeugung zufolge haben Wissenschaft und Poesie nichts Gemeinsames.

Ein anderes Verständnis von Wirklichkeit begreift Bewusstsein als ein emergentes – *immer neu entstehendes* – Phänomen, das seinerseits auf die Bewegungen der Atome wirken kann, aus denen es entsteht. In dieser Weltsicht ist es nicht nur das Gesetz der Natur, sondern auch diese reziproke Wirkung des emergenten Bewusstseins, das die Bewegungen der Atome steuert. Gedanken und Überzeugungen können diesem Verständnis zufolge Wirkungen hervorrufen, die die Welt verändern: Vorurteile und Gemeinheiten können unsere Herzen verletzen, Inspiration kann neue Möglichkeiten und Realitäten schaffen.

Wissenschaft und Poesie werden als einander ergänzend begriffen – beide beschreiben eine jeweils andere Facette der gleichen Ganzheit und beide sind für ihren eigenen Bereich der Erkenntnis und Erforschung völlig angemessen.

Auf dieser gedanklichen Grundlage bewegen sich Josef Rabenbauer und Gabriele Michel in ihrem Buch: Sie verbinden Erkenntnisse aus wissenschaftlicher Forschung mit Poesie, Philosophie und ihren Erfahrungen aus jahrelanger therapeutischer Arbeit mit Menschen in deren alltäglichem Leben. In dieser Synthese spiegelt sich die Überzeugung, dass das, was wir denken und glauben, eine Wirkung hat auf das, was wir tun und wer wir werden – dass wir also bewusst an unserem eigenen Werden beteiligt sein können.

Diesem Verständnis der Welt zufolge sind Wissenschaft und Religion keine Gegner, sondern Verbündete.

Josef Rabenbauer und Gabriele Michel weben einen Teppich aus komplexen Farben und Mustern und zeigen behutsam einen Weg auf, der herausführt aus seelischer Belastung und Neurose.

Dieser Weg ist eine Version des Wegs der Selbstreflexion. Er macht sich die Fähigkeit des emergenten Bewusstseins zunutze, auf sich selbst zu verweisen und seine eigene Basis zu reflektieren.

Dies ist ein Buch für alle, die interessiert sind an einer aktiven, bewussten Mitwirkung an ihrer eigenen weitergehenden Schöpfung.

Hunter Beaumont
Mai 2013

Über die Geduld

Geben Sie jedesmal **sich und Ihrem Gefühl recht**, (…) Lassen Sie Ihren Urteilen die eigene stille, ungestörte Entwicklung, die, wie jeder Fortschritt, tief aus innen kommen muss und durch nichts gedrängt oder beschleunigt werden kann.

Alles ist austragen und dann gebären. Jeden Eindruck und jeden Keim eines Gefühls ganz in sich, im Dunkel, im Unsagbaren, Unbewussten, dem eigenen Verstande Unerreichbaren sich vollenden lassen und mit tiefer Demut und Geduld die Stunde der Niederkunft einer neuen Klarheit abwarten. (…) reifen wie der Baum, der seine Säfte nicht drängt und getrost in den Stürmen des Frühlings steht ohne die Angst, dass dahinter kein Sommer kommen könnte. Er kommt doch. Aber er kommt nur zu den Geduldigen, die da sind, als ob die Ewigkeit vor ihnen läge, so sorglos still und weit.

Ich möchte Sie… bitten… Geduld zu haben gegen alles Ungelöste in Ihrem Herzen und zu versuchen, **die Fragen selbst** liebzuhaben wie verschlossene Stuben und wie Bücher, die in einer sehr fremden Sprache geschrieben sind. (…) Es handelt sich darum, alles zu leben. Leben Sie jetzt die Fragen. Vielleicht leben Sie dann allmählich, ohne es zu merken, eines fernen Tages in die Antwort hinein.

Rainer Maria Rilke
Brief an Franz Xaver Kappus, vom 23. April und vom 16. Juli 1903

Trailer

Die ganzen letzten Tage, bis heute Morgen, war alles so harmonisch mit dem Partner. Genau so, wie wir es uns vorgenommen haben! Schließlich sind wir auf einem spirituellen Weg und üben, friedlich und gelassen zu sein.

Aber dann kam diese SMS: Sagt einfach unseren gemeinsamen Kinoabend ab, schon wieder eine Projektbesprechung. Wo er doch weiß, dass sie sich auf diesen Film gefreut hat! So eine Wut spürt sie plötzlich: „Er geht mal wieder über mein Bedürfnis hinweg. Obwohl ich ihm gerade noch genau erklärt habe, wie wichtig mir diese Abende sind!"

Doch die schöne Harmonie darf nicht zerstört werden durch unsere Wut – sagen wir uns.

Wir wollten doch keine solchen Ansprüche mehr haben – wollten geduldig und großzügig sein, uns nicht so wichtig nehmen!

Wie oft manipulieren wir so unsere Gefühle – und damit uns selbst?

Wir könnten Gefühle wie diese Wut – oder ein plötzliches Verletztsein – auch erst einmal zulassen, uns erlauben – und innehalten. In Ruhe schauen, was das für Gefühle sind, woran sie uns erinnern, was hochgespült wird, welche Szenen, Glaubenssätze uns dazu einfallen.

Wir könnten auf das Gefühl – statt es entweder zu verleugnen oder blind auszuagieren – mit Neugier reagieren. Wir könnten es als Ausgangspunkt für Fragen an uns selbst, für neue Einsichten und Erfahrungen begreifen. Erfahrungen mit uns und mit dem anderen. Wir könnten zum Beispiel die Kraft der Wut, ihr Potential, Konflikte zu klären, und die Quelle ihrer Energie in uns entdecken.

Dieses Buch möchte das Vertrauen in unsere Wahrnehmungen, Gefühle und unser Gespür stärken und Wege aufzeigen, wie wir dieses Vertrauen und damit den Umgang mit unserem Spüren verfeinern und vertiefen können. Um so einen klareren Kontakt zu uns selbst, zum anderen und zu unserem Wesen, dem Göttlichen in uns, zu finden.

Das Mysterium

Das Mysterium, sagt Willigis Jäger, findet im Hauptbahnhof statt, im Alltag, in der Stadt, im Büro, in der Familie.

Wie verhalte ich mich, was denke ich, welchen Weg schlage ich ein, wenn ich zum Beispiel feststelle, dass ich eine Tendenz habe, andere zu kontrollieren oder ich mich emotional zu sehr in die Abhängigkeit meines Partners oder meiner Partnerin begebe?

Oder ich mich depressiv fühle, Angst habe, verzweifelt bin?

Wenn ich von der zweidimensionalen Überzeugtheit, Recht zu haben oder das Richtige/Falsche gefunden zu haben, geprägt bin.

Wenn ich dann innehalten, mich erinnern kann: Was ist wirklich?

Wenn ich von meinen eigenen Vorstellungen, wie mein Tag, mein Partner, die Welt, mein Chef/Job sein soll, zurücktreten kann und erst einmal die Wirklichkeit, so wie sie ist (und nicht so wie meine Vorstellungen von ihr sind) sehen kann, mich dafür interessieren und meine Überzeugung, ich wüsste es besser, überprüfen kann: Das ist gelebte Spiritualität!

I

Selbsterforschung
Was ist das?

Selbsterforschen

Immer
ging das Leben
irgendwie weiter

rattatatata

Erst jetzt
– war da ein Sturm? –
schwemmt ein Seesack an

mit verblichenen Wünschen
jahrhundertschwerer Müdigkeit
eingefrorenem Zorn.

Rumpelnd branden sie empor

doch der Flieder duftet, hell und unverwandt –
plötzliche Hähne künden hurtig den Morgen
und auf meinem Fensterbrett nistet ein Vogelpaar.

Kiwitt kiwitt

umschwirrt es mich
lädt ein
dem schwankenden Boden zu trauen.

Gabriele Michel

Selbsterforschung ist eine Form der Selbsterkundung, der Selbstergründung. Eine Praxis, die psychotherapeutische und spirituelle Methoden miteinander verbindet und uns lehrt, den Raum für das Wirken der Seele zu öffnen.

Selbsterforschung ist offenes Erkunden und Entdecken, wie unsere Seele sich entfaltet, den Reichtum unseres Bewusstseins offenbart. Ein Prozess, dessen Grundlagen, Voraussetzungen und Methoden wir in diesem Buch darlegen werden.

Wesentlich für die Selbsterforschung ist eine grundsätzliche *Neugier* gegenüber Wahrnehmungen und Gefühlen und der Art und Weise, wie wir ihnen begegnen. Selbsterforschung lädt ein zu einem freundlichen, respektvollen Blick auf das, was wir erleben und empfinden – auf alles, auch Unangenehmes oder Bedrohliches, das wir gewohnt sind, kritisch, ängstlich oder ablehnend zu betrachten.

Wesentlich für diesen speziellen Blick auf die eigenen Wahrnehmungen ist das *Spüren,* das Spüren auch in den Körper hinein. Weil der Körper Wahrheiten in sich birgt, an die wir durch Denken nicht heranreichen.

Wesentlich ist auch ein *freundlicher Blick,* weil die Seele durch einen freundlichen, offenen Blick weich wird, sich öffnet für neue Gefühle und essentielle Erfahrungen.

Wesentlich für die Selbsterforschung ist *Vertrauen* – Vertrauen in uns selbst, in unser Gegenüber, wenn wir gemeinsam forschen, und in unsere sich verändernde Sicht der Welt.

Wesentlich ist auch, *Geduld* zu haben. Die Seele ist langsamer als unser alltägliches Denken und Handeln, sie hat eine eigene Zeit, die von innen, intuitiv gesteuert wird.

Wesentlich ist *Offenheit,* auch Offenheit nach innen. Denn die seelische Arbeit vollzieht sich wie ein Hologramm: Wenn ich einen Punkt in den Blick nehme, sind viele andere mit berührt.

Wesentlich ist zu begreifen, dass Selbsterforschung nicht primär ein Tun, eine Technik ist, sondern *eine Haltung, eine Art, sich selbst, anderen und der Welt zu begegnen.*

Wesentlich ist schließlich zu *wissen, dass das, was wir suchen, in uns ruht.*

Erste Hinweise zur Praxis des Selbsterforschens

Üblicherweise wird die Selbsterforschungsarbeit in Seminaren gelernt und eingeübt – die Beispiele im Text stammen aus solchen Seminaren. Sie können aber auch alleine mit der Selbsterforschung beginnen:

Hilfreich ist es, jede Selbsterforschung mit einer Meditationsübung zu beginnen. Im Anschluss daran nehmen Sie sich 15 Minuten Zeit für ein Thema, das Sie gerade bewegt. Es ist ratsam, nicht gleich mit allzu schwierigen Themen anzufangen!

Ein anderer Weg ist, sich in Zweier- oder Dreiergruppen zu treffen – jeder hat dann nach der gemeinsamen Meditation 15 Minuten Zeit, sein Thema zu erforschen, während der beziehungsweise die Zuhörende sich, ohne sich einzumischen, in „Präsenz" übt, also eine Meditationshaltung einnimmt.

Themenangebote finden Sie in den weiteren Kapiteln.

Da der Forschungsprozess immer tiefere Schichten des Themas öffnet, ist es sinnvoll, die Übungen, die Sie anfangs ohne die detaillierte Einführung (s. S. 87) gemacht haben, später zu wiederholen.

Die praktischen Schritte der Selbsterforschung werden ausführlich in Kapitel IV erläutert.[1]

II

Einführung
Psychotherapie und Spiritualität

Gerade fühlten wir uns noch friedlich, berührbar, voller Liebe und im Einklang mit der Welt. Die Kinder haben sich beim Frühstück auf den Schwimmbadbesuch mit dem Kindergarten gefreut, und es gab da noch ein wohliges Gefühl aus dem Traum der letzten Nacht. Doch dann kam dieser Anruf von der Mutter (der Zusammenstoß mit dem Chef, das Missverständnis mit dem Partner etc.) und plötzlich ist alles dahin: Wir sind wütend, ängstlich, verletzt. Wir sehen nicht mehr den leuchtend blauen Himmel, sondern nur die Wolke, die sich in der Ferne vor die Sonne legt.

Was ist bloß los mit uns? Warum lassen wir uns so schnell von unseren schönen Gefühlen ablenken? Und warum können wir in solchen Momenten so wenig dagegen tun, dass uns die störenden, verstörenden Eindrücke und Regungen so überschwemmen?

Wir lieben den Zustand der Offenheit, der Freude oder Stille. Wir lieben selbst die Trauer, wenn Mitgefühl uns trägt. Aber solche Momente vergehen so leicht. Viel zu oft stellen sich im Alltag Verwirrung oder eine nervöse Unruhe, Enttäuschung über uns selbst oder Unmut über andere ein. Es ist, als gäbe es Widerhaken in unserem Inneren, die uns immer wieder in verunsichernde, belastende und schwierige Zustände zurückziehen.

Dabei wissen wir so viel über uns, beinahe zu viel. Doch Einsichten allein helfen nicht weiter. Wieder und wieder

- tappen wir in ähnliche (Beziehungs-)Fallen,
- versinken in depressiven Tälern,
- quälen uns durch Selbstentwertungen,
- sind gereizt, werden getrieben von Ärger und Ängsten.

Um diesen peinigenden Gefühlen zu entkommen, neigen wir oft dazu, uns abzulenken – indem wir einkaufen, im Netz surfen, uns auf dem Laufband erschöpfen, Streit suchen oder uns betrinken. Oder wir jagen großartigen Zielen hinterher. Doch wenn wir sie erreicht haben, stellt sich – plopp – Enttäuschung ein.

Was wollen wir wirklich? Und wer sind wir wirklich?

Wir haben schon auf so vielen Wegen versucht, Antwort auf diese Fragen zu finden und den Widersprüchen, Blockaden und Leiderfahrungen, die uns das Leben schwer machen, auf die Spur zu kommen oder – noch besser – ihnen gleich ganz zu entkommen.

Hilfe bieten unter anderem die verschiedenen Formen der *Psychotherapie*. Sie lehrt – sofern sie gelingt – unterschiedliche Probleme und deren lebensgeschichtliche Ursachen zu erkennen. Manche Konflikte lassen wir dadurch nahezu hinter uns, mit anderen lernen wir zu leben. Das ist alltagspraktisch hilfreich und wertvoll. Eine tiefere Seins-Veränderung aber erleben wir so meist nicht.

Eine andere Möglichkeit besteht darin, sich auf einen *spirituellen Weg* zu begeben. Manche lernen Yoga oder meditieren und schließen sich einer spirituellen Schule an. In Retreats machen sie tiefe, beglückende Seins-Erfahrungen. Doch im Alltag ist die Gefahr groß, dass sich der Zugang zu diesen Erfahrungen und der damit verbundenen heilenden Gelassenheit wieder verliert. Selbst nach jahrzehntelanger Praxis fühlen sich viele nach solchen Auszeiten bald wieder unausgeglichen, getrieben oder leer – vor allem, wenn sie unter Druck oder in eine Krise geraten.

Diese Leere signalisiert einen Zustand der Entfremdung von unserem wahren Wesen. Wir wissen nicht genau, wer wir eigentlich sind. Wir haben uns an unser angepasstes Ich gewöhnt, das uns in der Kindheit half, eine sichere Zugehörigkeit in der Familie oder Gruppe zu finden, in die wir hineingeboren wurden. Weil dieser Anpassungsprozess dem Wunsch diente, wahrgenommen, wenn möglich, geliebt zu werden, das heißt lebenswichtig für uns als Kinder war, verteidigen wir als Erwachsene oft vehement die daraus hervorgehenden Strukturen und Überzeugungen in uns und über uns. Denn mittlerweile sind wir völlig damit identifiziert, leben in der meist unbewussten Überzeugung, dass diese Strukturen und Glaubenssätze unsere Identität ausmachen. So aber leben wir abgespalten von unserer wahren Natur.

Manchmal könnte man den Eindruck gewinnen, es gäbe nur diese unerlöste, getriebene, immerfort kämpfende Existenzform für uns Menschen. Aber so ist es nicht.

Wir haben die Möglichkeit, uns neu, tiefer zu entdecken. Aber Erkenntnisse allein reichen nicht aus. Damit sich etwas verändert, brauchen wir neue Erfahrungen – Erfahrungen, die an die Stelle der vertrauten, verkrusteten treten.

Wir alle wissen, wie es sich anfühlt, wenn wir uns weit, empfänglich, fließend erleben. Was geschieht, wenn wir in diesen Zustand kommen? Wer sind wir dann? Unsere Seele ist im Kontakt mit unserem Wesen. Unser Wesen wartet sozusagen darauf, dass wir sie wahrnehmen, ihre Botschaften zu lesen lernen.

Mit unserem Wesen in Kontakt treten, wie kann das gehen – inmitten unseres anspruchsvollen, ruhelosen, vollgestopften Alltags?

Man kann es lernen. Lernen, indem man sich – Schritt für Schritt, achtsam und im Einklang mit dem Wesen – selbst erforscht. Tag für Tag, immer wieder neu.

III

Wer bin ich?

I.

Wer bin ich – wenn ich im Kontakt mit meinem Wesen bin?
Achtsam in Einklang mit der Seele kommen

Achtsam: zur Haltung des Selbsterforschens

Achtsamkeit ist eine zentrale Qualität für jeden Menschen, der unterwegs ist zu sich selbst. Achtsamkeit ist dabei Weg und Ziel zugleich. Aber was ist Achtsamkeit genau?

> Wenn wir wirklich lebendig sind, ist alles, was wir tun oder spüren, ein Wunder.
> Achtsamkeit zu üben bedeutet, zum Leben im gegenwärtigen Augenblick zurückzukehren.
>
> *Thich Nhat Hanh*

Achtsamkeit ist eine Seins-Weise, eine Form des Wahrnehmens, Erlebens und Erfahrens, ein wacher Kontakt zu dem, was hier und jetzt ist. Achtsamkeit bestimmt, wie wir dieses Jetzt erleben.

Achtsamkeit meint ein Gewahrsein für unser Innen und für unser Außen, für körperliche Empfindungen, für Gefühle und für unsere Bezogenheit im Feld des Miteinanders. Ein bewusstes, ganzheitliches Spüren.

Achtsamkeit führt zur Erkenntnis dessen, was ist, was wesentlich und was unwesentlich ist. Sie führt auch zur Unterscheidung des Gegenwärtigen von dem, was wir in der Vergangenheit erlebt und im Gehirn und in den Zellen unseres Körpers gespeichert haben. Dieses emotional Gespeicherte ist oft das, was uns emotional aus der ruhigen Mitte reißt.

Achtsam das Hier und Jetzt wahrzunehmen ist hilfreich, wenn wir uns „neben uns", „außer uns" erleben, keinen Kontakt zu uns haben, in blindem Reagieren gefangen sind.

Warum bleiben wir dann nicht in einer achtsamen Haltung, warum lassen wir uns immer wieder aufstören, ablenken?

Wir tun es nicht bewusst. Wir kennen es nur nicht anders. Auf die emotionale und psychische Belastung, die der unachtsame Umgang mit unseren Gedanken und Gefühlen auslöst, werden wir oft erst durch massiven Leidensdruck aufmerksam.

Achtsamkeit hilft, wieder Zugang zu dem zu bekommen, was wir eigentlich sind und wollen. Wie das aussehen kann, soll das folgende Beispiel zeigen:

Paul wirkt in der Regel nüchtern und sachlich. Eines Tages aber fragt er in einer Sitzung spürbar von innen bewegt: „Ich bin so oft gar nicht bei mir. Wieso treibe ich mich eigentlich immer zu neuen Leistungen und zur Perfektion an? Im Beruf und auch gegenüber meinen Kindern. Wenn ich sie frage, wie es ihnen in der Schule geht, meine ich tatsächlich meist vor allem Leistung und Noten. Das merken sie natürlich."

Auf die Rückfrage des Gruppenleiters: „Was, meinst Du, suchst Du so angestrengt?", antwortet er erst einmal spontan: „Anerkennung". Doch nach kurzem Zögern fragt er selbst weiter: „Aber warum kann ich dann Lob und Anerkennung, wenn ich sie bekomme, tatsächlich gar nicht annehmen und mich darüber freuen? Kritik dagegen, die kommt immer an."

Diese Beobachtung beschäftigt Paul über Wochen hin, bis ihm eines Tages deutlich wird, dass Anerkennung für Leistung ihn nicht wirk-

lich nährt. Das verblüfft ihn – und macht ihn traurig. Er nimmt sich immer wieder Zeit, diese fehlende Fähigkeit, sich über Anerkennung wirklich freuen zu können, zu betrauern und zu verschmerzen. Seine Einsicht führt ihn dann aber allmählich auch zu der Frage, was ihn und seine Seele denn wirklich nährt. Und da sprudelt es eines Tages plötzlich regelrecht aus ihm heraus: „Ich möchte als Mensch gesehen werden, einfach als Ich, nicht als sachlicher Perfektionist."

Diese Antwort, die er schließlich in sich selbst gefunden hat, bringt ihn in achtsamen Kontakt mit sich selbst.

Da Paul aber zugleich immer noch gewöhnt ist, der Welt pragmatisch zu begegnen, fragt er natürlich schon bald, welche „Technik" ihm hilft, wirklich gesehen zu werden.

Auch hier findet er den Weg selbst, und zwar über seine Kinder: Wenn er sie genau so anschaut, wie er selbst angeschaut werden möchte, dann fühlt er sich sofort weich und offen. Er ist berührt und weiß wieder, wie sich stimmige, wohltuende Nahrung anfühlt.

Diese „Technik" wirkt vermutlich bei vielen Menschen: Wenn wir unsere Kinder oder uns lieb gewordene Menschen anschauen, gelingt es uns am ehesten, die offene, mitfühlende Haltung einzunehmen, die wir uns auch für uns selbst wünschen. So kommen wir in einen achtsamen Kontakt mit unserem Wesen.

Indem Achtsamkeit den Kontakt mit unserem Wesen lebendig werden lässt, hilft sie auch, die Intensität von Gefühlen zu regulieren; vor allem dann, wenn diese uns überwältigen. Überwältigend wiederum fühlen sich oft kindliche Erfahrungen an, die uns damals, in der Kindheit, wirklich überfordert haben. Achtsamkeit hilft, auf solche Eindrücke und Gefühle nicht überzureagieren und sie dadurch zu verstärken. Daher ist es so wichtig, im Jetzt ruhen zu können und von dort aus die Vergangenheit freundlich anzuschauen.

Achtsamkeit versetzt uns auch in die Lage zu wählen, was gerade stimmig ist und wie wir reagieren wollen. Heftig um uns schlagen, andere verletzen? Oder erst einmal spüren und nachfragen, die Dinge klären? Achtsamkeit weckt also auch ein Bewusstsein dafür, dass ich durch meine Wahrnehmung die Welt selbst gestalte.

Wenn wir zum Beispiel heftig aggressiv und abwertend gegenüber dem Partner oder der Partnerin reagieren und dann innehalten, wissen wir oft sofort, dass wir das eigentlich nicht wollen! Wir können die Situation, wenn wir uns dessen bewusst werden, in jedem Augenblick verändern. Das heißt auch, dass wir ein Stück Verantwortung dafür tragen.

Verantwortung zu übernehmen ist nicht nur gefragt, wenn wir die anderen mit unserer Wut oder Furcht überfallen. Verantwortlich sind wir auch, wenn wir andere ungefragt aus Schwierigkeiten befreien, retten – und sie damit in ihrer eigenen Kraft und Entfaltung blockieren (vgl. das Beispiel von Stefanie S. 40)

„Wie stark ein Gefühl auch in einem toben mag, ist es doch möglich, auch im Moment des Gefühlsaufruhrs achtsam zu sein, zu wissen, dass man Ärger oder Wut empfindet, dass man sich verletzt, beleidigt oder schuldig fühlt. Und im bewussten Anschauen der Gefühlsregungen liegt der Samen für die Heilung dieser Emotionen."[2]

Im Zusammenhang mit der Achtsamkeitsmeditation (MBCT), die an Kliniken unterrichtet wird, zählt Jon Kabat-Zinn sieben wichtige Faktoren auf, die zu einer achtsamen Haltung gehören. Diese seien hier, als Vorbereitung zur folgenden Selbsterforschungsübung, in Erinnerung gerufen:

1. Nicht Beurteilen (Wahrung der Rolle des „Beobachters"; nichts wird bewertet),
2. Geduld (verstehen und akzeptieren, dass Dinge manchmal ihre Zeit brauchen, um ihre Wirkung zu entfalten),
3. Den Geist des Anfängers bewahren (keine vorgefassten Meinungen überstülpen),
4. Vertrauen (in die eigene Weisheit Vertrauen entwickeln, das heißt, auf die innere Stimme hören, und nicht auf äußere Autoritäten, wie die meisten Menschen),

5. Nicht-Greifen (im Sinne von Nicht-Festhalten, Meditation als aktives Nicht-Tun),
6. Akzeptanz (annehmen, was ist, lernen, dass jeder Augenblick seinen Wert in sich hat),
7. Loslassen von Kontrolle (Erfahrungen zulassen, so wie sie sind, und üben, sie nur zu beobachten).

Selbsterforschungsübung zur Achtsamkeit

Wie erlebe ich es, wenn ich mich für den Fluss meiner Erfahrungen im Hier und Jetzt interessiere?

> Alle Wahrnehmungen im Körper (zum Beispiel die Atmung, der Kontakt zum Boden), alle Gefühle und Gedanken dürfen da sein und Du nimmst sie nur wahr, so gut es geht, ohne Deutungen, Kommentare, Bewertungen oder Änderungsversuche.

> Wenn du die Achtsamkeit verlierst und das bemerkst, halte Dich nicht damit auf, Dich dafür zu bewerten, sondern komme sanft zurück zur achtsamen Wahrnehmung von dem, was gerade ist.

> Dein Erleben kann sich anfühlen wie ein steter Fluss von immer neuen Erfahrungen: So kann zum Beispiel aus einer wahrgenommenen Enge im Hals das Aufsteigen von unterdrückten Tränen, dann das Gefühl von Trauer entstehen, dann eine Weitung und ein tieferes Atmen, vielleicht ein Seufzer und schließlich Weinen …

Die bisher verfügbaren zahlreichen Studiendaten deuten darauf hin, dass regelmäßiges Üben der Achtsamkeits-Meditationen unter anderem folgende Wirkungen hat:

- es schult die Fähigkeit zur Aufmerksamkeitskontrolle und Emotionsregulation,
- es hilft bei der Stressregulation,
- Angstpatienten und depressive Menschen können erfolgreicher und mit länger anhaltender Wirkung behandelt werden,
- es schult die Fähigkeit, innere Vorgänge wahrzunehmen und zu beschreiben. Dadurch entsteht ein besserer Kontakt mit sich selbst.

Achtsamkeit zu üben braucht tiefe Selbstakzeptanz und tiefes Selbsterbarmen. „Aus diesem Grund ist ein freundlicher Umgang mit uns selbst nicht etwa Luxus, sondern eine unerlässliche Voraussetzung dafür, dass wir zur Besinnung kommen. Härte und Ehrgeiz führen dagegen letztlich nur zu Unbewusstheit und Gefühllosigkeit und weiterer Zersplitterung."[3]

> schwebend
> gebärt sich die wahrheit
> aus dem meer der achtsamkeit
>
> *Barbara von Meibom*

Beautiful Mind

Neurowissenschaftliche Ergebnisse zur Achtsamkeit

Kennzeichnend für unsere Kultur ist – so wie für die Tibeter die Haltung der Achtsamkeit – gerade das Fehlen von Achtsamkeit.

Wir leiden sozusagen kollektiv unter einem Achtsamkeits-Defizit-Syndrom – ohne es zu bemerken. Es wäre spannend, die Krankheitsdiagnose ADS, Aufmerksamkeits-Defizit-Syndrom (und auch ADHS, Aufmerksamkeits-Defizit-Hyperaktivitäts-Syndrom) in diesem Zusammenhang näher zu erforschen. Zunächst wurde sie eher bei Kindern, also dem schwächsten, am meisten verletzbaren Glied unserer Gesellschaft beobachtet. Inzwischen hat sich gezeigt, dass sie genauso bei Erwachsenen auftritt – doch über die Genese wissen wir noch sehr wenig.

Wir leben in einer Kultur, die uns alle zu mehr oder weniger abgelenkten, mit Informationen überfütterten, unachtsamen Menschen werden lässt. Nur haben die meisten von uns wirksame Filter- und Abschottungsmechanismen, mithilfe derer sie mit der Überflutung umgehen.

ADS-Patienten leben demgegenüber wahrnehmungsphysiologisch quasi ohne Haut, ohne Kompass und ohne ruhige Mitte. Ihnen scheint die elementare Fähigkeit zu fehlen, Emotionen und Reize so zu regulieren, dass sie ihren inneren Ruhepol finden und aufmerksamer, achtsamer werden könnten.

Es wird mittlerweile angenommen, dass Achtsamkeitstraining einhergeht mit einer stärkeren Aktivierung emotionsregulierender und einer Hemmung emotionssteigernder Hirnareale. Dadurch wird die Fähigkeit, Gedanken und Gefühle achtsam zu regulieren, unterstützt.[4]

In Einklang: eine Vision

Einklang. Schon das Wort löst Wohlbefinden aus. Ein-Klang. Nimmt man das Wort beim Wort, bedeutet es, dass alle Dissonanzen aufgehoben sind.

Um Einklang zu erreichen, hätten wir oft gerne, dass andere so denken, handeln und reagieren wie wir selbst. In vielen Situationen des alltäglichen Lebens gehen wir tatsächlich davon aus, dass unsere Bekannten, Kollegen, Freunde oder Partner genauso sind, erleben und fühlen wie wir. Wir erwarten es geradezu – unbewusst, aber mit einem unausgesprochenen Anspruch. Ein Anspruch, der natürlich nicht erfüllt werden kann – wie die Erfahrungen von Anita und Stefanie im Folgenden zeigen:

Nach einem intensiven, für Stefanie harmonischen Wochenende mit ihrer Freundin Anita, der sie beim Umzug geholfen hat, geht Stefanie selbstverständlich davon aus, dass ihre Freundin die gemeinsame Aktion ähnlich erlebt hat und ihr – mindestens – herzlich danken wird. Sie erwartet Einklang, Harmonie.

Tatsächlich aber geht Anita im nächsten Telefonat auf Distanz und beschwert sich schließlich sogar, dass Stefanie sie bevormundet habe und übergriffig gewesen sei. Stefanie fällt aus allen Wolken. Sie fühlt sich falsch wahrgenommen und ist, ihrer Meinung nach völlig zu Recht, beleidigt und wütend. „Wie kann man nur so eigenartig reagieren?!", denkt sie: „Es wäre doch ganz normal, dankbar zu sein!"

Erst im nächsten Gespräch findet Anita die richtigen Worte, um ihre Reaktion zu erklären: „Jetzt weiß ich, warum ich sauer war – Du hast ständig Sachen eingepackt, die ich ausdrücklich selbst hatte verstauen wollen. Und als ich versucht habe, mich zu wehren, hast Du mich abblitzen lassen mit einem gönnerhaften: ‚Lass mal, Du hast doch eh zwei linke Hände!'"

Stefanie wird nachdenklich – aber der Ärger grummelt weiter in ihr.

Stefanie ist jemand, die es aus früher Anpassung heraus gewohnt ist, immerzu zu geben. In ihrer Kindheit war das notwendig – jetzt wirkt es aber, als nehme sie keine Rücksicht auf ihr Gegenüber.

Weil zu helfen Teil ihres Selbstbilds geworden ist, fragt Stefanie sich nicht mehr, ob die andere ihren Einsatz als wohltuend und angemessen oder vielleicht doch als zu nah erlebt. Sie ist auch nicht gewohnt, darauf zu achten, ob Geben und Nehmen noch ausgeglichen sind. Die Reaktion von Anita aber ist so verwunderlich nicht. Kann doch ein Zuviel an Unterstützung genauso problematisch sein wie ein Zuwenig.

Tatsächlich hat die Freundin offenbar Mühe mit der Überdosis an Hilfe und Nähe, die Stefanie ihr gegeben beziehungsweise aufgenötigt hat. Sie fühlt sich übergangen. Aber sie kann das wiederum auch nicht klar spüren und mitteilen – was für viele von uns ja nicht leicht ist. Stattdessen reagiert sie mit Vorwürfen und Rückzug und fühlt sich damit ebenso im Recht wie Stefanie mit ihrer Kränkung. Auch sie versteht nicht, dass Stefanie einfach nur anders ist.

Es gibt Menschen, die würden nach so einem Wochenende mit Stefanie noch ganz anders reagieren:

- Wenn jemand zu Schuldgefühlen neigt, wird er sich nach zu viel „unverdienter" Hilfe möglicherweise völlig zurückziehen – was für den Hilfsbereiten schwer nachzuvollziehen sein kann.
- Wenn jemand das Selbstbild hat „Ich bin allein stark, ich brauche niemanden", wird er oder sie alles tun, um den Eindruck zu verwischen, auf Hilfe angewiesen zu sein. Eine Hilfe, die so wie die Stefanies überbordend ist, wird so jemanden vermutlich überfordern und bereits in der Situation „ausrasten" lassen.

Schon diese wenigen Reaktionen zeigen, dass es offensichtlich kein guter Weg ist, von uns auf andere zu schließen, wenn wir uns Einklang wünschen.

Wie aber kann Einklang gelingen, wenn wir Menschen so unterschiedlich erleben und handeln? Können wir uns überhaupt erlauben, so individuell und einzigartig zu sein, wie wir sind? Scheint es doch eher unvermeidlich, dass wir uns im Alltag ständig anpassen und dabei selbst aufgeben müssen.

Aber so ist es nicht.

Es wäre sogar sinnlos, sich selbst aufzugeben. Weil es nicht zum erwünschten Ergebnis führt. Einklang erleben wir so nicht. Einklang mit uns selbst und anderen Menschen beginnt, wenn wir uns erst einmal gegenseitig und selbst würdigen und in liebender Offenheit begegnen.

Das klingt leicht. Tatsächlich aber ist es eine Herausforderung. Mal für Mal.

Heißt es doch zu akzeptieren, dass wir uns nicht immer auf Anhieb verstehen; die Fremdheit des anderen auszuhalten; auf Urteile und bewertendes Vergleichen zu verzichten.

Für Stefanie würde das bedeuten, dass sie sich nach den ersten heftig beleidigten Gefühlen für Anitas Erleben zu interessieren beginnt. Und umgekehrt. Dann würde Stefanie erkennen, dass ihr Engagement nicht immer fraglos gut für andere ist – eine wichtige Einsicht, die sie auch in anderen Situationen schützen kann. Und Anita würde begreifen, dass das, was sie als Entmündigung erlebt hat, nicht etwa eine Missachtung ihrer Person durch die Freundin spiegelt, sondern deren fragwürdige Gewohnheit. Die beiden würden also auch übereinander etwas lernen.

Schwerer noch, als in dieser Form offen zu sein, fällt es uns oft, die Begrenztheit unserer eigenen Überzeugungen zu realisieren und uns einzugestehen. Doch es braucht diese ungeschützte, vorbehaltlose Offenheit. Nur so kann ein Raum entstehen, in dem wir unsere eigene Einzigartigkeit und die Einzigartigkeit anderer würdigen. Ein Raum, in dem die Seele ins Schwingen gerät, in dem wir Einklang erleben.

Einzigartigkeit, das sei hier ausdrücklich angemerkt, meint dabei nicht, dass wir „toll", „herausragend" sein müssten wie in einer Castingshow. Diese Einzigartigkeit, die Berühmtheit oder zumindest ein Heraustreten aus der eigenen Mittelmäßigkeit verspricht, ist ein Versuch unseres Egos, den gefühlten Mangel an Einzigartigkeit zu kompensieren.

Einzigartigkeit im Sinne der Selbsterforschung meint das, was jeden Menschen von anderen unterscheidet, was ihn ausmacht, ihm eigen ist. In der Tiefe unseres Wesens, auch wenn wir oft keinen Zugang dazu haben, lieben wir unsere Einzigartigkeit, lieben die Art, wie wir uns wahrnehmen, ausdrücken, denken, handeln und aussehen. Und wenn wir beginnen, die Einzigartigkeit des anderen respektvoll anzunehmen, wird die Welt reicher.

Ein Teil dieses Reichtums heißt allerdings auch, dass wir die Unterschiede wacher wahrnehmen – und achten. Tatsächlich aber sind wir eher gewöhnt, uns dadurch aufzuwerten, dass wir uns von anderen abgrenzen, diese abwerten. So aber treten wir ein in eine Welt der Bewertungen, in der wir andere, aber auch uns selbst, permanent beurteilen und uns auch den (fantasierten) Bewertungen der anderen, deren Lob und Kritik, ausliefern.

Unterschiede zu achten erzeugt Durchlässigkeit und wird uns auch entdecken lassen, dass für jeden Menschen andere Erfahrungen zu einem Problem, einer scheinbar nicht zu überwindenden Hürde werden können:

Für einen Menschen, der frühe Verluste erlebt hat, kann Unverbindlichkeit in Beziehungen zu heftigen Verlassenheitsängsten führen. Ein anderer kann das Gleiche als beglückende Freiheit erleben.

Einen Menschen, an dessen Familientisch immer schon und mit Lust kontrovers diskutiert wurde, wird ein solches Gespräch auch später beleben und inspirieren. Für jemanden, bei dem zu Hause inhaltliche Gegensätze als etwas Bedrohliches behandelt wurden, wird ein Streitgespräch vermutlich eher beunruhigend und stressig sein.

> Wenn Du vor mir stehst und mich ansiehst, was weißt Du von den Schmerzen, die in mir sind und was weiß ich von den Deinen. Und wenn ich mich vor Dir niederwerfen würde und weinen und erzählen, was wüsstest Du von mir mehr als von der Hölle, wenn Dir jemand erzählt, sie ist heiß und fürchterlich. Schon darum sollten wir Menschen voreinander so ehrfürchtig, so nachdenklich, so liebend stehn wie vor dem Eingang zur Hölle.
>
> *Franz Kafka*
> *Brief an Oskar Pollak vom 9. November 1903*

Ehrfürchtig, nachdenklich, liebend – weil ein Wachsen im Einklang mit sich selbst für jeden Menschen ein einzigartiger, individueller Weg ist.

Wenn wir Respekt empfinden für diesen einzigartigen Weg jedes Einzelnen, wird offenkundig, dass alles Vergleichen, wer schon „weiter" ist, „erleuchteter", „nichtbewertender" oder „weiser", unpassend ist, in die Irre führt.

Jeder Mensch ist genau an dem für ihn jetzt gerade richtigen Platz, um weiter zu wachsen.

Jeder Mensch hat einen eigenen Zeitpunkt für die Bearbeitung seiner persönlichen Themen; Themen, die den unsrigen mal sehr ähnlich und mal völlig fremd sind. Und auch bei vergleichbaren Themen stellen sie sich nicht jedem Menschen mit der gleichen Dringlichkeit.

Für die Selbsterforschungsarbeit ist die Qualität des nicht vergleichenden Differenzierens elementar. Jeder kann sich hier auf seine persönliche Weise den Themen und Fragen zuwenden, die für ihn oder sie wichtig sind.

Das Gegenüber übt sich in Respekt und vielleicht auch Staunen ob solcher Vielfalt. In dieser respektvollen Offenheit kann sich dann beim gemeinsamen Forschen durchaus ergeben, dass die Entdeckung des Einen im Anderen etwas anstößt, dessen Forschung inspiriert. Auch das ist im Begriff „Ein-Klang" enthalten: Die Impulse, Themen, Erfahrungen und Gefühle pflanzen sich – einer ihnen eigenen Dynamik folgend – in Wellen fort. Und zwar sowohl innerhalb des Einzelnen sowie zwischen den verschiedenen Forschenden. Dadurch wird Selbsterforschung zu einem vielschichtig produktiven Prozess der Annäherung an das eigene Wesen.

Nun sind die unterschiedlichen Themen, (inneren) Überzeugungen und Reaktionsmuster verschiedener Menschen nicht eine wirre Vielfalt. Zum einen sind bestimmte Persönlichkeitsstrukturen erkennbar, die sich aus den jeweiligen Lebensgeschichten heraus entwickeln und dabei einer eigenen inneren Logik folgen. Frühe Verlassenheitserfahrungen führen beispielsweise oft zu depressiven Strukturen.

Zum anderen gibt es verschiedene Erklärungsmodelle, die bestimmte Persönlichkeiten typisierend beschreiben. Für die Selbsterforschung hat sich vor allem das Modell der Enneagramm-Typen als produktiv erwiesen, das wir in Anlehnung an Sandra Maitri, einer bekannte Enneagramm- und Ridwhanlehrerin, wiedergeben. Ihre Einteilung in neun verschiedene Enneagramm-Typen beschreibt deren jeweils spezifische Form, die Wirklichkeit zu erleben, zu deuten und zu gestalten:

Some like it hot

Die Enneagramm-Typen (vereinfachte Darstellung)

Typ 1 sieht sich selbst als guten und rechtschaffenen Menschen an; er ist ein Perfektionist, der weiß, was richtig oder falsch ist; unbewusst hält er sich jedoch selbst für fehlerhaft und versucht, sich selbst zu verbessern, auch indem er andere auf den rechten Weg bringt.

Typ 2 hält sich für willensstark, sorgt für andere („Helfer") und erwartet unbewusst und unausgesprochen, dass sie ihm das danken und zurückgeben; er kann dabei auch manipulativ vorgehen.

Typ 3 ist überzeugt, alles alleine zu können und zu wissen; er ist unbewusst sehr auf sein Image bedacht und muss erfolgreich sein.

Typ 4 erlebt sich romantisch, wirkt dramatisch-tragisch, sieht sich als einzigartig; erlebt sich unbewusst verlassen und versucht zu kontrollieren, um so Verlassenheit zu vermeiden.

Typ 5 schätzt seine Privatheit und sein Alleinsein als Wert, genügt sich selbst; er erlebt sich unbewusst als isoliert, getrennt und abgeschnitten; er zieht sich zurück, versteckt sich.

Typ 6 ist überzeugt, dass andere ihn bedrohen, erlebt sich selbst aber als loyal und hingegeben; unbewusst ist er voller Ängste und Selbstzweifel, fast paranoid; er sucht im Außen Sicherheit oder versucht – als Contraphobiker –, sich und anderen zu beweisen, dass er keine Angst hat.

Typ 7 erlebt sich sorglos, optimistisch und ist planerisch; er ist sich selbst immer einen Schritt voraus – unbewusst aber fehlt es ihm an Urvertrauen, was ihn dazu bringt, alles planend im Überblick haben zu müssen.

Typ 8 sieht sich als selbstbewusst, dominant und befehlsgewohnt an und gleicht unbewusste Mangel- und Schwächegefühle aus durch aufplusternde Härte, Rache und Dominanzstreben.

Typ 9 sieht sich gern im Hintergrund, ist ein angenehmer Mensch; unbewusst erlebt er sich als unwichtig, unbedeutend; er meint, keine Aufmerksamkeit zu verdienen, vermeidet daher Konflikte und sucht Harmonie.

All diese Typen treten in verschiedenen Variationen auf. Und wir alle erkennen uns wieder in der einen oder anderen Charakterisierung, haben verschiedene hervortretende Qualitäten, die unsere Einzigartigkeit mit bestimmen.

Schließlich hat auch jeder Enneagramm-Typ einen für ihn typischen Mangel an einer essentiellen Qualität und eine ihm eigene, stimmige Art, in die Heilung hineinzuwachsen, einen einzigartigen individuellen spirituellen Pfad.[5]
Wenn wir eine unsere Einzigartigkeit achtende Haltung einnehmen, sind wir auch im Einklang mit dem, was die Seele als stimmig erlebt – in der Stimmigkeit auch immer tief miteinander verbunden.

Das, was sich solcherart stimmig anfühlt, wird weniger durch Nachdenken und Argumentieren oder gar durch Vergleichen freigesetzt, als durch Spüren auffindbar in uns. Wir können Stimmigkeit spüren als Entspannung, als Offenheit und Fließen, als Klarheit und initiative Kraft, als Liebe zu uns und zu anderen.

Wie verblüffend das Erlebnis von Einklang in alle Bereiche des Fühlens und Handelns ausstrahlen kann, erzählt Catherine eines Tages glücklich zu Beginn einer Gruppenstunde:

Catherine hat einen Sprachkurs in Italien gebucht, den sie sich schon lange gewünscht hatte: Eine Woche ohne Kinder in Montepulciano Italienisch lernen. Endlich ist es soweit. Aber Catherine hatte sich bei der Buchung, ohne dass ihr das wirklich bewusst war, an den Terminen ihrer halbwüchsigen Tochter orientiert und nicht die erste Kurs-Woche gewählt, in der sie mit allen anderen begonnen hätte, sondern die zweite Woche, in der ihre Tochter sie sicher nicht brauchen würde.

Als alles geregelt ist, merkt Catherine, dass sie sich nicht auf den Kurs freut. Alles daran scheint ihr plötzlich unsicher, fast bedrohlich, zu teuer, zu weit entfernt etc. Catherine wundert sich. Dann entdeckt sie, dass sich ihre Gefühle sofort ändern, wenn sie sich vorstellt, in der ersten Woche zu fahren, gleich mit allen anderen zu Beginn in die Gruppe einzusteigen. Aha! Aber darf sie das? Diese Frage führt sie schließlich zu der verblüffenden Einsicht, dass sie ihre Tochter eher respektiert und stärkt, wenn sie ihr zutraut, in der ersten Woche allein zu sein.

Catherine bucht um und – ecco! – die Freude ist wieder da. Wenig später schlendert Catherine mit einem großen Eis durch den Stadtpark – staunend, wie rasch sich die Welt für sie verändert hat.

Einklang finden wir nicht nur im zwischenmenschlichen Kontakt, wir finden ihn auch als essentielle Qualität unserer Seele. Einklang erleben wir, wenn wir den Signalen unseres Körpers, unserer Gefühle und der Stimmigkeit der Seele folgen.

Selbstlosigkeit im Sinne der Selbstverleugnung hingegen, gemeinhin als Tugend betrachtet, ist häufig – wie Catherines Beispiel zeigt – eine fragwürdige Qualität. Selbstverleugnung im Wortsinn führt dazu, dass wir uns aufgeben und orientierungslos werden. Rücksicht – ohne Berücksichtigung der eigenen Bedürfnisse und Gefühle – versucht Einklang manipulativ herbeizuführen. Solange der oder die Rücksichtnehmende aber nicht im Einklang mit sich selbst ist, kann es auch keinen wirklichen Einklang mit anderen geben. Die Rückkehr, der Mut zum Einklang mit sich selbst, führt dagegen meist – über einige ausbalancierende Schritte – auch zum Einklang in Beziehungen. In diesem Sinne erlebt Catherine Einklang mit sich und mit ihrer Tochter.

Selbsterforschungsübung, die bewertendes Vergleichen offen legt

Diese Übung soll Dich dabei unterstützen, Dir Deiner Tendenz, Dich bewertend zu vergleichen, erst einmal bewusst zu werden, und herauszufinden, was Dich dazu bringt, Dich zu vergleichen. Dazu drei Fragen:

1. *Was ist für mich gut daran, mich bewertend zu vergleichen?*

Die Haltung hinter dieser Frage geht davon aus, dass wir, solange wir uns bewertend vergleichen, immer auch einen guten Grund dafür haben – meist sind uns aber die Gründe, wofür es nicht gut ist, eher bewusst!

Dabei kann es sehr interessant werden, unsere tieferen Motivationen zu erforschen, die uns immer wieder dazu bringen, uns so *bewertend zu vergleichen*.

Vielleicht kannst Du diese Frage möglichst frei von Abwertungen durch den Inneren Richter (s. S. 141) erforschen, beziehungsweise ihn, wenn er auftaucht, bemerken und stoppen.

2. *Welche Einstellungen, Grundsätze, Verhaltensweisen oder Ähnliches werte ich besonders ab?*

Diese zweite Frage soll Dir helfen herauszufinden, wie Du Dich (meistens gar nicht sehr bewusst) bewertend vergleichst und in welchen Bereichen des Lebens Du besonders dazu neigst.

Du kannst solche von Dir oder von anderen wählen – oder beide. Dazu kann auch gehören, herauszufinden, welche Verhaltensweisen und Haltungen Du besonders aufwertest!

3. *Wie erlebe ich es, wenn ich mich für die Einzigartigkeit meiner und der anderen interessiere und sie würdige? Wie erlebe ich dann Einklang?*

Du wirst vielleicht zunächst keine Ahnung haben, wie Du diese Frage beantworten sollst, was da gemeint ist – genau darum geht es beim Forschen: Dich dafür zu interessieren, was Du noch nicht weißt, es durch Nachspüren neu zu entdecken. Setz Dich dabei nicht unter Druck!

Damals, im zweiten Sommer, war es mit mir noch nicht so weit gekommen. Die Grenzen waren noch streng gezogen. Es fällt mir schwer, (…) mein früheres und mein neues Ich auseinander zu halten, mein neues Ich, von dem ich nicht sicher bin, ob es nicht langsam von einem größeren Wir aufgesogen wird. Aber schon damals bahnte die Verwandlung sich an. Die Alm war schuld daran. Es war fast unmöglich, in der summenden Stille der Wiese unter dem großen Himmel ein einzelnes abgesondertes Ich zu bleiben, ein kleines, blindes, eigenwilliges Leben, das sich nicht einfügen wollte in die große Gemeinschaft. Einmal war es mein ganzer Stolz gewesen, ein solches Leben zu haben, aber auf der Alm schien es mir plötzlich sehr armselig und lächerlich, ein aufgeblasenes Nichts.

Marlen Haushofer
Die Wand, Roman 1963

Die Seele:
zum Verständnis der Seele in der Selbsterforschung

„Der Seele Hoheit! Darf sie sich der Nähe
Der Großen dieser Erde nicht erfreuen?
Sie darf`s und soll`s..."

Johann Wolfgang von Goethe
Torquato Tasso, 1790

Wer bin ich? Das ist eine der ältesten Fragen der Philosophie. Und eine der berühmtesten Antworten ist Descartes': „Ich denke, also bin ich." Eine Definition, bei der die Seele offenkundig außen vor bleibt. „Wer bin ich, wenn ich in Kontakt mit meinem Wesen trete?" und „Wer bin ich, wenn ich mit dem Ego-Ich identifiziert bin?" sind zwei Fragen, die elementar sind für die Selbsterforschung. Wir wenden uns zunächst der ersten Frage zu. Sie ist wesentlich für die spirituelle Suche nach dem Ich, nach Sinn, nach einem erfüllten, mit dem Göttlichen in uns verbundenen Leben.
Was aber ist die Seele? „Die Seele ist der Teil von Ihnen, welcher Ihr Leben erlebt."[6], heißt es bei Byron Brown. Das meint, dass wir nicht nur Körper, Gefühle oder das Ergebnis unserer Lebensgeschichte sind. Dass auch nicht allein unser Selbstbild mit bestimmten Fähigkeiten und Eigenschaften uns ausmacht oder unser Verstand. „Die Seele beinhaltet all dies, ist jedoch als die Erlebende viel grundlegender und zugleich weniger fest umrissen als sie alle."[7]

Die Seele ist unser gesamtes individuelles Bewusstsein. Sie entspringt dem Wesen, dem leeren Raum, vielleicht dem, was die Physiker reine Potentialität nennen. Die Seele ist nicht eine Ansammlung unserer Eindrücke und Erfahrungen, sondern das Medium selbst, das „wahrnimmt, handelt, lernt und sich verändert"[8].

Die Seele ist die jeweils individuelle Manifestation des zeitlosen Seins in Raum und Zeit in jedem von uns. Dieser Substanz sind wir uns meist nicht bewusst. Die aus dem Urgrund des Seins, des Wesens entspringende Seele ist Liebe, Wahrheit, Stille, Kraft; offen, fließend und weit.

„Ich habe so oft bemerkt, dass, wenn man wieder nach Hause kommt, die Seele, statt sich nach dem Zustand, den man findet, einzuengen, lieber den Zustand der Weite, aus der man kommt, ausdehnen möchte…", beschreibt Johann Wolfgang von Goethe in einem Brief vom 6. Dezember 1784 an Herzog August diese Erfahrung.

Unsere Seele kann schwingen, resonieren, spüren, eine Ausstrahlung kann ausgesendet oder empfangen werden, ein Funke überspringen, eine Anspannung, eine Verletzung oder Gefahr wahrgenommen werden, Offenheit und Weite entstehen – ein immenser Reichtum an Erlebnisqualitäten.

Die Seele kann sich aber auch, wenn wir dauerhaft in Not geraten, zu Teilen verfestigen. Zum Beispiel zu festen Ego-Ich-Strukturen (s. S. 61). Und wenn wir uns mit dieser harten Struktur identifizieren, fühlt es sich oft an, als sei die ganze Seele fest geworden. Tatsächlich heißt das aber nur, dass wir in diesem Moment keinen Zugang haben zu den durchlässigen, offenen Teilen der Seele.

Das erleben wir als Unzufriedenheit, Leere oder depressive Düsternis. Und gerade in solchen Zuständen, wenn wir die Unterstützung der Seele so nötig bräuchten, wissen wir meist nicht, wie wir uns auf die Suche nach ihren Qualitäten machen können. Eingesperrt in einen dunklen Kokon, sind wir wie abgetrennt von allem Lebendigen, Hellen in uns.

Dennoch war die Herausbildung einer eigenen, stabilen Ich-Identität, wie wir bei der Betrachtung des Ego-Ichs sehen werden, in unserer Entwicklung nötig. Hat sie uns doch geholfen, eine eigene Ich-Identität auszubilden und aus der Symbiose mit den Eltern zu treten.

Auch das ist also eine segensreiche Fähigkeit unserer Seele, die wir, wenn wir unter der Begrenztheit der Ego-Ich-Identität leiden, oft aus dem Blick verlieren. Selbst die Entwicklung des Über-Ichs (hier auch „Innerer Richter" genannt) ist eine wichtige Möglichkeit der Seele (s. S. 141). Das Problem ist nicht unsere Ich-Identität, sind nicht unser Ego-Ich und unser Über-Ich. Problematisch ist nur, dass wir sie leicht für unser gesamtes Ich halten und unsere weit darüber hinausgehenden Seins-Möglichkeiten, die in unserer Seele angelegt sind, nicht mehr wahrnehmen können.

Wenn wir uns auf einen spirituellen Weg begeben, der Sehnsucht nach Raum für die Vielfalt der seelischen Qualitäten folgen, dann ist schon diese Suche selbst ein Ausdruck unserer Verbundenheit mit der Seele, die in jedem von uns nach Wachstumsmöglichkeiten, nach Entfaltung strebt. Auf dieser Suche begegnen wir den verfestigten, den veränderungsbereiten und den im Fluss befindlichen Teilen unseres Ichs.

Die Seele ist berührbar, sie liebt und sucht Berührung. Von der Seele aus gesehen, können wir gar nicht zu emotional oder empfindsam sein.

Wenn wir berührbar werden, fühlen wir uns verletzbar. Aber die Seele kann sich gegenüber Verletzungen schützen. Auch wenn wir uns abgrenzen von bestimmten Gefühlen und Gefahren, ist das ein Ausdruck der Seele. Sie schützt uns – mit gutem Grund – vor Emotionen oder Erfahrungen, denen wir (noch) nicht gewachsen sind.

Verletzbar zu sein heißt nicht, dass wir schwach sind – das vergessen wir leicht. Verletzbar zu sein heißt offen, berührbar, also lebendig zu sein.

Das Sein, unser universeller Urgrund, ist nicht verletzbar. Für das Sein ist jede Veränderung – ein Baum, der gefällt wird, ein Mensch, der stirbt – nicht mehr als das: eine von unendlich vielen Veränderungen.

Unsere individuelle Seele hingegen erlebt einen Verlust als Schmerz. Besonders dann, wenn wir getrennt sind vom Urgrund des Seins. Je mehr wir verbunden sind mit diesem Urgrund, mit unserem tiefen Wesen, desto weniger sind wir im Innersten aus dem Gleichgewicht zu bringen, verletzbar im Sinne von zerstörbar.

Die eigenartige Erfahrung, dass die Seele sich sowohl als wahrnehmendes Bewusstsein und wirkende Kraft als auch als unser Selbst manifestiert, macht es schwer, sie zu denken. Ähnlich wie in der Physik, wo sich letztlich nicht entscheiden lässt, ob wir Welle oder Teilchen sind, ist die Seele immer zugleich Energie-Qualität und Substanz. Manchmal erleben wir sie als belebende Kraft, fühlen uns elektrisiert, wie ein „Energiebündel". Dann wieder erfahren wir uns als geerdet, substantiell, als ruhende Einheit. Die verschiedenen Ausdrucksformen der Seele sind für uns nicht immer leicht zu erkennen.

Wenn wir wohliges Fließen erleben oder Einklang, Sinn, fällt es uns leicht, die Stimme der Seele darin zu hören, ihr Wirken zu begrüßen. Aber auch wenn wir leiden, mit unserem Leben hadern, uns einsam, kläglich, zum Unglücklichsein verdammt fühlen, ist es die Seele, die spricht, die nach Geborgenheit, Verbundenheit und Frieden sucht. Selbst der verzweifelte Satz „Ich will nicht mehr leben!" bedeutet ja letztlich „*So* will ich nicht mehr leben!" – so ohne Halt, Zuversicht und Verbundenheit.

Die Seele kann sich aber auch in Gestalt von verformten Gefühlen zeigen, wie zum Beispiel Ärger oder Strenge. Wer in seinem Ausdruck von Kraft und Mut dauerhaft verletzt worden ist, wird in Situationen, die Kraft und Mut erfordern, statt ihrer verformte Gefühle wie Ärger oder Frustrationen erleben (vgl. dazu das Beispiel von Catherine S. 100). Selbsterforschung ermöglicht, durch achtsames Erforschen, Erleben und Verstehen von verformten Gefühlen wieder zu den essentiellen Qualitäten durchzudringen.

Im Kontakt mit seiner Seele zu sein bedeutet also nicht, dass es uns immerfort gut geht, wir dauernde Glückseligkeit erleben. In Kontakt mit der Seele zu sein bedeutet vielmehr, alle Gefühlsqualitäten – auch die schmerzhaften, bedrohlichen, verformten und einengenden – intensiv zu spüren. James Hillman, ein jungianischer Psychologe, geht sogar noch weiter, wenn er schreibt: „Die Seele neigt am ehesten dazu, in diesen chaotischen, ‚pathologischen' Momenten zum Vorschein zu kommen, wenn wir ein Auseinanderbrechen unserer gewohnten Überzeugungen, Wertvorstellungen und gewohnten Sicherheit erleben. Denn gerade in solchen Momenten, in denen unsere Vorstellungskraft, unsere Gefühle, Bedürfnisse und Werte intensiviert sind, haben wir das tiefste Gewahrsein unserer Psyche in ihrer essentiellen Form."[9]

Unsere Seele weiß zugleich, dass auch das schlimmste Unglück seine zerstörerische Kraft verliert, einer neuen Erfahrung weichen wird.

So ist zum Beispiel die bedrohliche Angst, dass etwas von jetzt an „für den Rest unseres Lebens so bleibt", letztlich eine kindlich-magische Vorstellung. Wenn wir mit der Seele verbunden sind und Vertrauen spüren, wird sich diese Angst nicht mehr bedrohlich ausbreiten und verfestigen.

Unsere Erfahrungen sind in ständiger Veränderung. Sobald wir uns dem Fluss der Erfahrung anvertrauen, erschließt sich uns der Sinn und die Intelligenz dieses Prozesses unmittelbar.

> Christlich sozialisierte Leser/innen mögen Konnotationen und daraus resultierende Erfahrungen mit dem Begriff der Seele verbinden, die sich deutlich von dem hier entfalteten unterscheiden. Erfahrungen, die mit Schuld und Sünde verknüpft sind. Das eher moralische christliche Verständnis von Seele ist ein anderes als das in diesem Buch vertretene. Das unsrige entspricht eher dem, das uns in den Schriften großer Mystiker wie Meister Eckhart, Mechthild von Magdeburg oder den „Wüstenvätern" (frühchristliche Mystiker)[10] begegnet.

Wichtig für unseren Zusammenhang ist, dass der Kontakt mit der Seele immer in der Gegenwart liegt. Ich kann nachdenken über Vergangenes und darüber, wie sich die Dinge entwickelt haben, ich kann mich erinnern – aber Zugang zu unserer Seele bekommen wir immer in der Gegenwart, in der Präsenz.

Die Seele sucht nicht immerwährende Glückseligkeit. Die Seele liebt die Wahrheit. Und zur Wahrheit gehören die schmerzhaften Erfahrungen essentiell dazu. Wenn ich, während ich etwas Unangenehmes anschaue, gleichzeitig die Liebe zur Wahrheit und die Offenheit der Veränderung spüren kann, dann ist das trotz aller Schmerzen auch ein Glück. Vielleicht ist nur unsere Fähigkeit, mit unseren verschiedenen Wahrnehmungen gut umzugehen, noch nicht entwickelt. Aber statt uns ein „dickes Fell" zuzulegen, ist es allemal besser, unsere Gefühle genauer kennen zu lernen. Die Seele bietet Qualitäten, die ein „dickes Fell" überflüssig machen, Qualitäten wie Leichtigkeit, Mitgefühl und Mut. So kann es eine Freude sein, etwas zu entdecken, auch wenn das, womit ich beschäftigt bin, sich manchmal zunächst beunruhigend oder bedrohlich anfühlt. Unabhängig davon, ob der Inhalt meiner Erfahrung oder Forschung angenehm oder unangenehm ist, geht die Seele auf, wenn ich einen Fehler, eine Gemeinheit ehrlich zugebe oder eine Zuneigung, ein Begehren offen zeige – sie geht auf, „wenn jemand Wahres spricht"[11].

Das genau ist die Verheißung – und irgendwann dann auch die stärkende Erfahrung –, dass wir, wenn wir in Verbindung mit der Seele sind, spüren können, wie sich etwas entspannt, weit wird, sich auf-löst.

> Sie können nicht immer geschützt leben, ohne sich jemals bloßzustellen, und zugleich ein spiritueller Abenteurer sein. Seien Sie wagemutig. Gehen Sie Risiken ein, suchen Sie, suchen Sie noch mehr, suchen Sie überall, suchen Sie auf jede erdenkliche Weise, lassen Sie keine Gelegenheit aus, keine Möglichkeit, die das Schicksal Ihnen gewährt, seien Sie nicht geizig und knauserig, indem Sie versuchen, um den Preis zu schachern.
>
> *Arnaud Desjardins*

Selbsterforschungsübung zum Kontakt mit der Seele

Den Kontakt zur Seele zu suchen bringt uns auch wieder mehr in Kontakt zu unseren Gefühlen – auch wenn uns der Umgang mit unseren Gefühlen oft nicht leichtfällt. Gefühle zu erleben und zu zeigen heißt nicht, sie beliebig in jeder Situation auszuagieren; und sie zurückzuhalten muss nicht darauf hinauslaufen, sie völlig zu unterdrücken. „Der kunstvolle Umgang mit Gefühlen besteht darin, sie atmen zu lassen", heißt es bei dem Lebenskunst-Philosophen Wilhelm Schmid. Um Gefühle „atmen" zu lassen, kommt es darauf an, „eine Muschelkompetenz der Seele auszubilden, damit sich diese zur rechten Zeit öffnen und wieder schließen kann"[12].

Vielleicht erinnerst Du Dich an ein intensives Gefühl der letzten Tage und lässt es atmen, gibst ihm Raum, ohne es auszuagieren oder zu unterdrücken. Dann kannst Du Dich genauer dafür interessieren, welche Wirkung es hat, sich für das Gefühl zu interessieren. Dazu kannst Du folgende Fragen erforschen:

1. Was ist gut daran, dass ich meine Gefühle lieber nicht spüre?

Ein Teil unserer Seele hat wohl gute Gründe dafür, sonst würden wir Gefühle zulassen. Dieser Teil ist uns vielleicht noch nicht so bewusst – die Frage kann beim Bewusst-Werden helfen.

Wir würden vielleicht Gefühle erleben, die uns zunächst überfordern, wenn wir sie zuließen, berührbar dafür würden. Wir bleiben dann lieber bei vertrauten Überzeugungen und schließen uns wie eine Muschel.

2. Wie genau mache ich das, dass ich meine Gefühle nicht mehr spüre, dass ich nicht berührbar bin?

Diese Frage hilft, die eigenen Methoden, sich zu verschließen oder hart zu werden, bewusster kennen zu lernen – und beim nächsten Mal vielleicht im Alltag diesen Vorgang sogar mitzukriegen.

3. Und wenn ich mich für die Berührbarkeit meiner Seele jetzt gerade interessiere – wie erlebe ich das?

Wie fühlst Du Dich dann, wie erlebst Du das jetzt gerade? Welche Wahrnehmungen im Gefühl, Körper hast Du dann?

„*Spricht* die Seele, so spricht, ach! schon die *Seele* nicht mehr.", heißt ein berühmtes Epigramm von Friedrich Schiller.

In der Selbsterforschung geht es nicht darum, das wieder aufzusuchen, was wir schon alles über uns wissen. In der Selbsterforschung horchen wir auf wirklich Neues, das oft erst einmal gar nicht in Worte zu fassen ist, sondern als Bild, als überraschende Gefühlsregung, als Körperhaltung Gestalt annimmt. Die Seele spricht – in ihren eigenen Sprachen.

> Alles ist immer schon da
> Zuerst erkennst du die Seele nicht.
> Erst wenn du dich einlässt,
> tut sie sich auf.
> Was geschieht?
> Wir entdecken
> und erkennen
> tief immer Gewusstes.
>
> *Gabriele Michel*

2.

Wer bin ich –
wenn ich mit dem Ego identifiziert bin?

Zur Genese von emotionalem und psychischem Leid
Verlust des Kontakts zum eigenen Wesen

Stefanie ist erschöpft – und wütend. Wütend auf sich selbst. Eine ganze Stunde hat sie mit Georgs Lateinlehrerin zugebracht, um zu retten, was zu retten war. Nicht nur, dass Georg die empfindliche Lehrerin mit seiner herablassenden Art gegen sich aufgebracht hat, er hatte auch sein Referat nicht rechtzeitig abgegeben.

Also hat Stefanie sich mächtig ins Zeug gelegt. Sie hat der anfangs distanziert auftretenden Frau glaubhaft gemacht, dass Georgs Faulheit keine Renitenz, sondern eine pubertäre Schwäche sei, die nichts mit ihr persönlich zu tun habe. Sie hat die kaum verborgenen Vorwürfe geschluckt, der Junge bräuchte offensichtlich eine konsequentere Führung – und sie hat geduldig zugehört, als die Frau schließlich aufgetaut war und zu klagen begann, dass sie ja nicht nur eine Horde unmotivierter, aufsässiger Schüler ertragen, sondern zu Hause auch noch ihre schwerkranke Mutter pflegen müsse. Schließlich hatte die Lehrerin Stefanie versichert, dass sie Georgs Referat noch annehmen und ihm eine Chance geben werde, die schlechten schriftlichen Noten mündlich auszugleichen.

Insofern war Stefanies „Mission" erfolgreich. Aber sie kann sich kaum freuen darüber. Ist sie doch wieder einmal losgelaufen, um zu schlichten, zu retten, Querelen anderer in freundliche Harmonie zu verwandeln, aus Stroh Gold zu spinnen – wie im Märchen. Schon tausend Mal hat sie sich vorgenommen, sich beim nächsten Mal einfach herauszuhalten – es gelingt ihr nicht. Es ist wie ein Sog, ein Automatismus, dieses Sich-verantwortlich-Fühlen, als sei dieser Impuls die Essenz ihrer Person, unverrückbar, unentrinnbar.

Stefanie kämpft mit ihrem Ego-Ich. Da die Strategie dieses Ego-Ichs in ihrem Fall anderen Menschen (meist) eher nützt als schadet, hat sich Stefanie jahrzehntelang mit seiner Hilfe Wertschätzung und Zuneigung erkämpft. Sie hat sich dabei allerdings auch immer wieder durch Überforderung zur Verzweiflung getrieben. Aber die Verlockung, den Gewohnheiten zu folgen, siegt immer wieder. Denn wenn sie nicht als Retterin in den Ring springt, fühlt sie sich scheußlich, versagend, kalt, böse!

Erst in der Selbsterforschung ist Stefanie diesem Gespinst aus inneren Geboten und Drohungen auf die Spur gekommen. Diese Spur führte sie zurück in die 50er-Jahre, als sie als uneheliches Kind in eine katholisch geprägte Familie geboren wurde. Ihre Mutter hatte sie nicht gewollt. Ließ doch ein Kind ihren Traum vom freien Leben und einer glanzvollen Karriere jäh platzen. Stefanies Mutter war wütend – und verlegte die Wut in ihrer Not in ihre Tochter. So wurde Steffi zum Gefäß für all das, was die Mutter nicht spüren wollte. Zudem erteilte die Mutter ihrer Tochter – stumm, aber eindringlich – die Aufgabe, alle „bösen" Gefühle und Handlungen durch unentwegtes Liebsein zu kompensieren oder, noch besser, in Harmonie zu verwandeln.

In ihrem Bedürfnis nach Verbundenheit und auch aus Liebe zu ihrer Mutter begann die kleine Steffi also früh, überall und immer für ein freundliches Miteinander zu sorgen. In ihrer damaligen Situation eine verständliche, angemessene Reaktion, ein kluger, lebenserhaltender Impuls – der sein Ziel doch nicht erreichen konnte. Aber das konnte die kleine Steffi nicht wissen – und die größer gewordene mochte es nicht wissen. War doch die Gewohnheit, als emotionale Schlichterin zu fungieren, eine der wesentlichen Säulen ihres Selbstbilds geworden, ein elementarer Teil ihres Ego-Ichs.

Wenn Stefanie erschöpft ist, geht sie gern in die Sauna oder gönnt sich eine Massage. Während dieser Stunden in der Hitze oder auf der Massageliege und noch eine kleine Weile danach, fühlt sie sich weit und offen, empfänglich und in Frieden. Das ist eine andere Stefanie als die, die sich zum Wohle anderer abhetzt und aufreibt. Wer aber ist sie dann? Und wer ist die eigentliche Stefanie? Gibt es diese „eigentliche" Stefanie überhaupt?

Das Ego-Ich
Versuch einer Definition

Unter Ego-Ich verstehen wir eine erlernte Persönlichkeitsstruktur. Eine Struktur, die wir herausbilden, indem wir lernen, mit den Situationen und Konstellationen, die uns in der Kindheit begegnen, umzugehen und uns ihnen anzupassen. Besonders prägend sind hier die Beziehungen zu unseren Eltern und nahen Bezugspersonen.

Eine der vielen Möglichkeiten, wie ein Ego-Ich entsteht, haben wir bei Stefanie kennen gelernt: Botschaften, Verbote und Gebote, die wir – verbal oder nonverbal – in der Kindheit empfangen, verdichten sich zu einer festen Struktur.

Was aber ist dieses Ego-Ich genau? Wie wir gesehen haben, ist das, was wir als unser „Ich" erleben, eine eher diffuse, nicht besonders bewusste Instanz, über die wir in der Regel nicht nachdenken. Tun wir es doch, dann bemerken wir, dass das, worauf wir uns als „Ich-Selbst" beziehen, in der Regel (nur) unsere Selbstbilder sind. Selbstbilder, die sich in der Kindheit konstituieren und fortan, meist unhinterfragt, als unser „Ich" auftreten und so unser Handeln bestimmen und uns einengen.

Anleitungen zum Unglücklichsein

Das Ego-Ich aus der Sicht der Hirnforschung

Das Gehirn des Kindes ist, so eines der wichtigen Forschungsergebnisse der Hirnforschung in den zurückliegenden Jahren, so konstruiert, dass es von der Umwelt, auf die es trifft, geformt wird. Das Gehirn wird daher heute als ein „bio-soziales" Organ betrachtet. Leon Eisenberg[13], der sich vor allem durch seine Forschungen zur Kinder- und Sozialpsychiatrie einen Namen gemacht hat, spricht treffend von der „sozialen Konstruktion des menschlichen Gehirns".

In den ersten Lebensjahren wächst und entwickelt sich das kindliche Gehirn rasant. Es ist ständig im Umbruch und daher viel leichter zu prägen als das Gehirn im Erwachsenenalter. Ist diese Organisation des Gehirns irreversibel? Nein. Wir wissen, dass das Gehirn ein Leben lang neu dazu- und umlernt, sich also umorganisieren kann.

Die Beziehungserfahrungen, die Kinder mit ihren primären Bezugspersonen, meist Mutter und Vater, machen, sind entscheidend dafür, wie das kindliche Gehirn sich organisiert. Sie sind bedeutsam sowohl für das Größenwachstum wie die neuronalen Vernetzungen verschiedener Gehirnareale, die sich unter anderem auf Lernfähigkeit, Gedächtnis, Gefühls- und Stressregulation auswirken.

Die frühen Erfahrungen prägen sich somit in den ersten Lebensjahren – und wohl auch schon pränatal – in die neurobiologischen Strukturen ein und haben dadurch weitreichende Wirkung.

Wir verinnerlichen (introjizieren) unsere frühen Beziehungserfahrungen und leiten daraus ein immer kohärenter werdendes Selbstbild ab. Dieses Selbstbild mit den dazugelernten Beziehungsmustern prägt dann, wie wir uns selbst sehen und wie wir Beziehungen leben.

Wir übertragen die als Kind in der Anpassung gelernten Selbstbilder und Beziehungsmuster auf unsere Beziehungen als Erwachsene, obwohl unsere Erfahrung uns zeigt, dass sie nicht mehr passen.

Das Ergebnis dieser Verinnerlichungsprozesse, die Organisation internalisierter Beziehungserfahrungen (Objektbeziehungen) und daraus resultierender Selbstbilder ist die sogenannte „Ego-Identität"[14].

Das Ego-Ich als vorübergehende Identität

Diese Selbstbilder, unser Ego-Ich, engen uns ein. Aber sie tun es nicht an sich, sondern dadurch, dass wir uns mit ihnen, beziehungsweise ihm, identifizieren. Wir meinen, diese inneren Prägungen und deren Ergebnis – eben das Ego-Ich – seien alles, was wir sind.

Werfen wir zur Veranschaulichung noch einmal einen Blick auf Stefanie. Die Botschaft, das Geheiß ihrer Mutter: „Du musst immer lieb sein und Unstimmigkeiten, Böses in Harmonie verwandeln", ist für Stefanie zu einer festen Erwartung an sich selbst, zu ihrer Identität geworden: „Ich bin jemand, die lieb ist und..."

Dieses Beispiel, aber auch unsere eigenen Erfahrungen zeigen deutlich, wie sehr wir uns selbst einschränken und einsperren, wenn wir mit dem Ego identifiziert sind. Weit davon entfernt, unser Potential auszuschöpfen, bewegen wir uns angstvoll auf den schmalen Pfaden, die uns das Ego-Ich vorgibt. Wir übertragen unsere frühen, abgespeicherten Beziehungserfahrungen auf das Jetzt und engen uns so permanent ein.

Erwartbar wäre vor diesem Hintergrund, dass wir das Ego ablehnen und loswerden wollen. Tragen wir doch die Ahnung unseres wahren Ichs in uns und sehnen uns danach, offen mit uns selbst und mit anderen in Beziehung zu treten. In Beziehungen, die sich ohne vorgefertigte Muster frei entfalten können.

Tatsächlich aber versuchen wir angestrengt, unser Ego-Ich zu verteidigen, und halten oft ein Leben lang daran fest. Warum?

- Um als Kind zu überleben, ist es notwendig, dass wir Lebensregeln verinnerlichen, dass wir lernen, wie wir uns in gefährlichen Situationen verhalten müssen, was wir essen und wo wir spielen dürfen etc. Das heißt, es gibt Regeln, die wir tatsächlich übernehmen und uns zu eigen machen müssen.
- Zudem ist es für Kinder ein tiefes, existentiell wichtiges Bedürfnis, dazuzugehören. Wir verinnerlichen die Beziehungsmuster und Normen der Eltern, um uns ihre Liebe zu sichern – oder wenigstens ihre Abwendung zu ersparen. Wir verinnerlichen sozusagen die ganzen Eltern.
- Gleichzeitig aber dient das Ego-Ich auch der Ablösung von unseren Eltern: In uns entsteht nach und nach das Bedürfnis, uns innerlich von den Eltern zu unterscheiden, zu trennen. Wenn Kinder beginnen, zu allem und jedem erst mal *Nein* zu sagen, ist das bereits ein erster Ausdruck dieses abgrenzenden Impulses.

Anita erinnert sich bei der Selbsterforschung an dieses „Nein!", das sie als kleines Kind quasi automatisch ausrief. Noch bevor sie überlegen konnte, ob sie etwas wollte oder nicht, kam schon ihr: Nein! Wozu diente es ihr? Es vermittelte ihr damals eine wunderbar eigene Festigkeit und eine Abgrenzung gegenüber der Mutter – den Beginn eines autonomen Ich-Gefühls.

Ein Prozess der Ablösung und Herausbildung eines eigenen Selbst, der sich im Laufe der Jahre immer mehr ausweitet. Und wie gelingt uns diese Bewegung hin zur Autonomie?

Ganz einfach: Wir nehmen die Eltern einfach mit. Wir verinnerlichen ihre Normen und unsere Beziehungserfahrungen mit ihnen. Ein wenig wie die „Übergangsobjekte"[15] (zum Beispiel den Teddy, das Kuscheltuch), mithilfe derer wir als Kleinkinder die Trennung von den Eltern meisterten. Das Übergangsobjekt stand quasi für die abwesenden Eltern. In ähnlicher Weise gibt uns die fortgesetzte Orientierung an den Regeln der Eltern den Halt, der uns hilft, uns äußerlich zu lösen. Das heißt, wir können uns zunächst nur lösen, indem wir innerlich ein Stück weit festhalten.

Die Inhalte solcher Orientierungssätze sind sehr unterschiedlich. „Ich bin dafür verantwortlich, dass es allen gut geht und Harmonie herrscht", haben wir als eine Möglichkeit bei Stefanie kennen gelernt.

Andere Überzeugungen lauten etwa: „Ich bin nicht liebenswert, so wie ich bin, ich müsste viel gescheiter und charmanter sein."

„Ich bin mittelmäßig, kein Wunder, dass ich übergangen werde" oder „Ich bin nun mal ein Einzelgänger."

Freundlich sind sie nicht, diese inneren Monologe, aber sie sind uns vertraut. Wir orientieren uns an ihnen, um uns zurechtzufinden in der Welt oder um ein Recht zu haben, in der Welt zu sein. Das ist der Grund, warum wir so hartnäckig an unseren Überzeugungen und Selbstbildern festhalten, die Bausteine unserer Ego-Struktur sind.

Diese Vertrautheit ist auch der Grund, warum wir meist wenig erfolgreich sind, wenn wir versuchen, uns gegen die Botschaften des Ego-Ichs zu stellen. Sich gegen das Ego-Ich zu wehren befreit nicht, sondern erzeugt Widerstand, Enge und Härte.

Produktiver, wohltuender und überraschender wird der Umgang mit unserem Ego-Ich hingegen, wenn wir es freundlich erforschen, zu verstehen versuchen und würdigen, wofür es uns gedient hat. Zum Beispiel in einer Übung wie der folgenden:

Selbsterforschungsübung zum Ego-Ich

Finde für Dich heraus, welche vorgefassten Überzeugungen und Vorurteile Du bewusst oder unbewusst in nahe Beziehungen einbringst. Nimm Dir Zeit und spüre in Ruhe nach:

1. *Erwarte ich automatisch, dass ein naher Mensch mich annimmt oder ablehnt, und habe ich feste Vorstellungen, warum er das tut?*

2. *Wie glaube ich sein zu müssen, um liebenswert zu sein?*

3. *Welche gewohnten Gefühle stellen sich in der Begegnung mit meinem/r Partner/in wie automatisch ein?*

4. *Bin ich gewohnheitsmäßig eher die/der Gebende oder Nehmende in meinen Beziehungen?*

5. *Wie schütze ich mich oft schon im Voraus gegen die befürchteten Reaktionen anderer? Also beispielsweise gegen Nicht-dazu-Gehören, Unwichtigsein und Ähnliches.*

Wenn wir uns den Impulsen und der offenen Haltung unserer Seele überlassen, zeigt sich, dass wir unser Ego-Ich nicht ablehnen, verdammen oder abspalten müssen. Wir können vielmehr durch Selbsterforschung lernen, es zu würdigen und seine Wirkung auf jetzige Beziehungen – soweit sie negativ ist – zu betrauern.

Dadurch beginnen wir, das Ego-Ich grundsätzlich als das anzunehmen, was es ist und war: das Ergebnis verinnerlichter und verfestigter Beziehungserfahrungen, die wir lange für unser Selbst gehalten haben. Schließlich hat es trotz allem unserer Entwicklung gedient.

Das Ego-Ich ist auch sehr wohl gespeist und geführt vom Wesenskern. Es ist ein Tor zum Wesen. Sind doch auch die Aktivitäten des Ego-Ichs ein Ausdruck des Versuchs, unsere Wesensqualitäten wie Liebe, Selbstwert und Nähe zu finden. Allerdings arbeiten wir dabei mit den sehr begrenzten Möglichkeiten des begrenzten Ego-Ichs: Wir suchen Liebe durch Anpassung, Wert durch Leistung und Nähe durch Selbstaufgabe.

Wenn wir die grundsätzliche Wesensverbundenheit des Egos berücksichtigen, entsteht ein Raum, in dem wir in liebenden Kontakt zu unserem Ego-Ich treten können. Genau das ist die Haltung der Selbsterforschung.

Karawanserei: „Wer bin ich?"

Als Mulla Nasrudin auf einer seiner Reisen abends in eine Karawanserei kam, war diese bereits voller fremder Leute. Er ergatterte einen Schlafplatz, konnte aber nicht einschlafen, weil er die ganze Zeit darüber nachdachte: „Wie soll ich morgen früh beim Aufwachen wissen, wer von den vielen Leuten ich bin."
Da fiel ihm ein Trick ein: Er band sich einen Luftballon an den Fuß, um sich zu erkennen. Bald danach schlief er beruhigt ein.
Ein paar Spaßvögel banden den Luftballon jedoch nachts an den Fuß eines anderen Mannes.
Beim Aufwachen wusste Nasrudin, dass er der Mann mit dem Luftballon ist, aber er fragte sich: „Und wer ist der, der das sieht und denkt?"

Das Ego-Ich als Abwehr

Das Ego besteht, wie sich gezeigt hat, aus fixen alten Konzepten, die wir verinnerlicht haben und ungeprüft auf die jetzige Lebenssituation übertragen. Es ist starr, kann nicht gut auf unsere differenzierten und sich ständig verändernden Lebens- und Beziehungssituationen reagieren.

Das hat auch zur Folge, dass wir uns nicht einfach in diese Ego-Identität hinein entspannen können, weil wir glauben, anders sein zu müssen, als wir sind, und uns daher permanent anpassen. Wir passen uns an, das heißt, wir unterwerfen uns einem Selbstverbesserungsprogramm, das uns diktiert: „Du musst besser, anders werden. So wie Du bist, bist Du nicht okay!" Also sind wir bestrebt, uns „richtiger" zu verhalten, um Bestätigung und Anerkennung von außen zu bekommen.

Gleichzeitig versuchen wir, die immer wieder auftretenden inneren und äußeren Befehle abzuwehren, die uns sagen, wie wir zu sein haben. Dieser innere Prozess von Bemühen und Rebellion besetzt uns so sehr, dass wir weder Raum noch Aufmerksamkeit für die Impulse und Gefühle unseres wahren Selbst haben, die die Seele für uns bereithält. In ihr ist auch unser Gespür für das, was sich stimmig anfühlt, verankert. Und auch das weisen wir zurück.

Was für ein verschlungenes Abwehrgeflecht unsere Egostruktur doch ist! Wie fantasievoll und mit welchem Einsatz wir Abwehrkämpfe führen, um unser vertrautes Ego nicht der aktuellen Wirklichkeit anpassen zu müssen, hat Anna Freud, die Tochter des Begründers der Psychoanalyse, in ihrer Studie *Das Ich und die Abwehrmechanismen*[16] eindringlich beschrieben.

So erzählt sie von einer Patientin, die als Kind von ihrem Vater zur Selbstbeherrschung „erzogen" wurde. Jede heftige Gefühlsäußerung quittierte der Vater mit Spott und Hohn. Die Patientin, nennen wir sie Marion, entwickelte sich nach außen hin zu einem freundlichen, offenen und (vermeintlich) ausgeglichenen Menschen. Alles Unpassende, ihr Ego-Ich Bedrohende, wies sie ab – entwickelte aber eine schwere Angststörung, derentwegen sie in Therapie kam. Dort wiederum reagierte sie, sobald die Therapeutin auf ihre Ängste zu sprechen kam, mit spöttischen, entwertenden Bemerkungen. Ein Verhalten, das sie auch im Alltag zeigte, sobald sie sich von heftigen Gefühlen bedroht fühlte, die ihr Ego-Ich in Frage stellten. Um ihre wahren Gefühle abzuwehren, flüchtete sie sich also in genau jene Haltung, mit der ihr Vater sie gezwungen hatte, ihre Gefühle zu entwerten, zu verleugnen oder zu verbergen. Das heißt, sie floh vor ihrer Angst – der Angst vor der Entwertung durch den Vater –, indem sie mit dem Vater quasi verschmolz. Dieser Abwehrmechanismus wird „Identifikation mit dem Aggressor" genannt.

Die Bewegung der „Identifikation mit dem Aggressor" ist eine der vielfältigen Methoden, mithilfe derer wir unser Ego-Ich „in Schutz nehmen". Der Ausdruck mag verwundern, da dieses „In-Schutz-Nehmen" uns doch von der Lebendigkeit und Vielfalt unserer wahren Gefühle abschneidet. Aber solange wir das Ego-Ich für unsere Identität halten, erleben wir jede Infragestellung desselben eben als Bedrohung.

Der Teufel trägt Prada

Eine Übersicht der geläufigsten Abwehrmechanismen

Neben der Identifikation mit dem Aggressor gibt es andere Mechanismen zur Verteidigung des Ego-Ichs wie Verdrängung, Verleugnung und Projektion – um die geläufigsten zu nennen.

Bei der Verdrängung verteidigen wir uns gegen verborgene Gefühle, die unserem Selbstbild zuwiderlaufen. So irritiert oder bedroht es uns, Wut zu spüren, wenn wir uns – wie zum Beispiel Stefanie – als ausgeglichenen und verträglichen Menschen erleben und zu präsentieren gewöhnt sind. Also beginnen wir, beziehungsweise haben meist schon vor Jahren und Jahrzehnten begonnen, unsere Wut zu verdrängen. Zum Beispiel, indem wir in Situationen, in denen wir eigentlich wütend sind, ganz besonders freundlich werden. So schaffen und nähren wir die Fantasie vom Gegenteil: Rumpelstilzchen wird durch einen Engel ersetzt.

Eine andere Möglichkeit, auf unbotmäßige Gefühle und Regungen zu reagieren, ist die Projektion: Gefühle, Eigenschaften oder Bedürfnisse, die wir nicht entwickeln konnten oder durften, verlagern wir in andere, und zwar sowohl positive wie negative Qualitäten. So sprechen wir beispielsweise all die Entschiedenheit und Power, die wir uns selbst nicht zu- bzw. eingestehen, einem anderen zu: „Die Freundin ist eh immer die selbstbewusstere und forschere. Wenn wir zusammen ausgehen, hab ich keine Chance und halt gleich ganz den Mund."

Wir können aber auch negative Gefühle auf den anderen projizieren – unseren Ärger, unsere Angst, unsere Ungeduld. Dann ist der andere der Böse, der Täter – nicht wir.

Knifflig wird es besonders dann, wenn wir beim anderen auf eben das Gefühl reagieren, das wir zuvor – ohne dass der andere etwas davon ahnt – in ihn hinein verlegt haben. Wenn wir zum Beispiel wütend sind, weil der Freund/die Freundin viel zu spät zu einer Verabredung kommt, und ihn beziehungsweise sie mit der Frage begrüßen: „Warum guckst Du so grimmig?" oder „Gefällt Dir wohl nicht, mein neues Kleid!", sind für (weitere) Verwirrung und Missverständnisse Tür und Tor geöffnet.

Neben den zahlreichen psychischen Abwehrmechanismen gibt es auch solche, bei denen Emotionen in körperliche Symptome verwandelt werden. Diese sogenannten Somatisierungen können als asthmatische Symptome oder Schlafstörungen auftreten, als Migräne, Herz- oder Rückenschmerzen. Sie sind vielgestaltig und oft nicht leicht zu ergründen.

Angesichts dieser Bedrohungen des Egos entwickeln wir kreative Wege, darauf zu reagieren, und zwar in Gestalt von psychischen Abwehrformen wie Projektion oder Verleugnung, aber auch von Somatisierungen, in denen sich unsere Emotionen und Konflikte körperlich ausdrücken. Die Geschichte von Uwe macht den Prozess einer solchen Somatisierung deutlich.

Uwe leidet seit Jahren unter wiederholten Schmerzattacken im Herzbereich, die ihn schon mehrfach in die Notaufnahme der Klinik führten. Dort ließ sich allerdings nie ein organischer Befund ermitteln.

Uwe ist unruhig, besorgt – und beginnt in der Selbsterforschung, genauer nach den Umständen und seinem Erleben dieser Attacken zu fragen.

Auslöser für die Symptome sind, wie sich nach längerem Suchen zeigt, oft Streitigkeiten in seiner Beziehung. In diesen Auseinandersetzungen, in denen er sich bedroht fühlt, spürt Uwe nicht seine Ängste, sondern reagiert mit Herzschmerz.

Uwe verweigert – unbewusst – gleich doppelt, das zu spüren, was zu spüren wäre: Er spürt seine Angst beziehungsweise Not nicht als solche, sondern somatisiert sie. Ein cleverer Abwehrmechanismus unserer Psyche, mit Gefühlen, die wir meinen nicht aushalten zu können, irgendwie doch klarzukommen. Auch die Wahrnehmung seiner Herzschmerzen ist für ihn allerdings kaum auszuhalten, weil sie sich lebensbedrohlich anfühlt – sie soll einfach weg!

Auf Dauer sind Somatisierungen, auch wenn sie kurzfristig zu helfen scheinen, kein wirklich überzeugender Weg, mit unliebsamen und uns vermeintlich überfordernden Gefühlen umzugehen. Auch Uwe erkennt, dass sein Umgang mit seinen Symptomen die Beziehung zu seiner Partnerin belastet und zudem dazu führt, dass er in der Klinik als komischer Kauz zu gelten beginnt. Was aber kann er tun?

Um die hinter seiner körperlichen Symptomatik liegende Angst wieder zu spüren, braucht er Halt. Diesen Halt könnte er in einem therapeutischen Setting finden. Dort könnte er herausfinden, dass er in der Kindheit erlebte Verlassenheitsängste verdrängen musste, weil sie damals nicht auszuhalten waren.

Diese Ängste aber werden jetzt, in seiner aktuellen Beziehung, bei jedem Streit neu wachgerufen. Als er das verstanden hat, gelingt es ihm mehr und mehr, sich mit Mitgefühl statt Strenge zu begegnen, offen zu sein, statt sich zu verurteilen.

Wiewohl nur als „Krücken", sind Somatisierungen und andere Abwehrmechanismen als Selbsterhaltungsmechanismen in vielen Fällen unverzichtbar. Haben wir doch oft in der Kindheit den Halt, den wir gebraucht hätten, um schlimme Not auszuhalten, tatsächlich nicht bekommen. Und auch in der Identifizierung mit dem Ego-Ich, das ja gerade aus diesen verinnerlichten Beziehungserfahrungen der Kindheit besteht, erleben wir diesen Halt nicht. Also flüchten wir uns in die Abwehr.

Wie können wir diesem Teufelskreis entkommen? Wir brauchen einen tieferen Halt, der uns ermöglicht, unsere wahren Gefühle zu spüren, uns in unserer jetzigen Wirklichkeit wahrzunehmen. Die Erfahrung zeigt, dass das wahre Selbst diesen Halt mit der Zeit anbietet.

Vertigo

Neurobiologische Korrelate unseres Selbsterlebens

Neurobiologen[17] haben zwei deutlich unterschiedliche Modi entdeckt, wie wir unser Selbst erleben, und die damit jeweils korrespondierenden neuronalen Netzwerke identifiziert.

- Der eine Modus der Erfahrung eines Selbst, eines Selbst-Erlebens, ist geprägt vom Erlebten in der Vergangenheit.
- Der andere Modus ist die Erfahrung eines Selbst, das im gegenwärtigen Moment verortet ist.

Es zeichneten sich bei allen Probanden dazu zwei unterschiedliche Aktivierungsmuster im Gehirn ab: Meditierende Probanden zeigten deutlich verstärkte Aktivität in den Zentren, die das Gegenwarts-Selbst (in der „Präsenz") verorten. Meditierende können diese beiden Selbst-Modi auch leichter unterscheiden.

Wie wichtig diese Unterscheidung sein kann, zeigt sich an der Verarbeitung von Traumata: Ein Blick, eine Bemerkung, ein Ton genügen, um jemanden in einen Zustand wie mitten in der Traumatisierung in der Vergangenheit zu katapultieren. Wir erleben dann das Trauma, als wäre es jetzt, wir erleben uns wie in der traumatisierenden Situation damals. Es wird das Selbst aktiviert, das von der Vergangenheit bestimmt ist. In solchen Momenten wäre es wertvoll, diese beiden Modi des Selbst unterscheiden und zurück in die Präsenz kommen zu können. Die Trauma-Therapie hat sich daher ganz besonders auf dieses In-der-Präsenz-Sein („sicherer Ort jetzt") spezialisiert. Erst wenn ein Klient das kann, darf am Trauma (Vergangenen) gearbeitet werden. Meditation kann also auch hier unterstützend sein.

Nimm dich selbst wahr. Und wo du dich findest,
da lasse dich, das ist das Allerbeste.

Meister Eckhart
Werke I, Predigten

Vom Ich zum wahren Selbst

Wie wir gesehen haben, sind nicht die Ego-Strukturen an sich das Problem, es ist die Tatsache, dass wir uns mit ihnen identifizieren. Doch das Ego-Ich ist nur ein lebensgeschichtlich notwendiges Übergangsstadium, noch nicht unser ganzes, unser wahres Ich. Nach diesem wahren Ich aber sehnen wir uns, nach der Entfaltung unseres Selbst in seiner ganzen Komplexität und Offenheit. Wir sehnen uns danach – und schrecken zugleich davor zurück. Warum?

Weil die Entfaltung unseres Wesens voraussetzt beziehungsweise bedeutet, dass wir die verinnerlichten Eltern verabschieden. (Wir erinnern uns: Das Ego setzt sich zusammen aus den verinnerlichten Eltern und den Beziehungserfahrungen mit ihnen.) Das macht uns Angst. Haben wir doch keine Ahnung, wer wir ohne dieses Ego-Ich sind. Wir meinen, alles zu verlieren, wenn wir unsere gewohnte Identität in Frage stellen. Dabei geben wir nur unsere Vorstellungen und fixen Konzepte/Ideen davon auf.

Wir kennen uns nicht mehr aus, nicht in uns und nicht in der Welt. Wir wissen nicht mehr, was uns erwartet. Dieses Nichtwissen anzunehmen kann die vertraute Identität – als inneres Vorstellungssystem – aus dem Gleichgewicht bringen, was tief verunsichernd wirkt. Es kann sich wie „Sterben" anfühlen, wenn die Ego- Struktur ihre Macht verliert. Die Sufi-Meister sagen denn auch „Stirb, bevor du stirbst".

Wir wissen nicht, dass sich erst dann, wenn sich die strengen Ego-Strukturen lockern und wir im Nichtwissen verweilen, unser wahres Selbst, das immer schon da ist, entfalten kann.

Beim Zusammenbruch der Ego-Strukturen geht das Gelernte, gehen unsere persönlichen Fähigkeiten und Fertigkeiten nicht verloren, sie verlieren nur die Macht, uns als Person zu charakterisieren: Wir sind nicht mehr mit diesen Leistungen oder unserer Lebensgeschichte im Sinne von: „Ich bin der, der ..." identifiziert.

Wir entdecken uns vielmehr jeden Moment neu. Wir sind einfach. Unsere Kompetenzen stehen uns im jeweils gegenwärtigen Moment weiterhin zur Verfügung, aber nur dann, wenn sie gebraucht werden.

Um uns solcherart neu entdecken zu können, ist es hilfreich, die Hindernisse zu erforschen, die uns in diesem Prozess begegnen, wie auch die Offenheit für den Wandel zu entdecken.

Selbsterforschungsübung zum wahren Selbst

In diesem Ablösungsprozess werden wir beginnen, das Vertraute loszulassen und uns auf Unvertrautes, erst einmal Neues einzulassen – das fällt uns nicht leicht. Wir haben gute und sehr persönliche Gründe, das lieber nicht zu tun.
Die erste Frage hilft, das bewusster werden zu lassen:

1. Was ist gut daran, mich nicht auf Neues einzulassen?

2. Wie erlebe ich es, wenn ich mich im Kontakt zu meinem Partner/ meiner Partnerin auf etwas Neues einlasse?

Wenn ich nicht schon vorher weiß, wie ich reagiere oder der andere reagiert, sondern offen und neugierig bleibe.

Vielleicht habe ich Angst, vielleicht spüre ich Neugier oder bin noch scheu, vorsichtig, vielleicht berührbarer.
Vielleicht bin ich verunsichert. Wie erlebe ich Verunsicherung bei solchem Nicht-Wissen genau? Ist sie auszuhalten? Regt sich Neugier?
Wichtig ist bei diesen Übungen immer, auch auf die Körperwahrnehmung zu achten: Wie fühlt sich Dein Körper, wie fühlen sich einzelne Teile davon an?
Durch diese Forschungsübungen entsteht mehr Bewusstheit über unser Beziehungsverhalten und auch mehr Kontakt zu unserem Körpererleben.
Durch die Selbsterforschung erleben wir, dass wir uns mehr und mehr in unser wahres Selbst fallen lassen können, und entdecken, dass es uns hält. Der Übergang vom Ego-Ich zum wahren Selbst ist ein *spiritueller Ablösungsprozess*, der sich an den emotionalen, psychischen Ablösungsprozess anschließt.

Das Ego-Ich im psychotherapeutischen und im spirituellen Diskurs

In gängigen psychotherapeutischen Schulen gilt das Ego-Ich als das „normale" Ich, das stabilisiert werden muss. Diese Haltung und Praxis hat ihre Berechtigung.

In vielen spirituellen Schulen wird das Ego-Ich hingegen als etwas zu Überwindendes betrachtet. „Kein Ego, keine Probleme" – das kühne Motto, das sich eine Weile auf ayurvedischen Teebeuteln fand, ist ein unbefangener Ausdruck dieser Sicht. Allerdings gibt es mittlerweile sowohl psychotherapeutische als auch spirituelle Schulen, die diese gegensätzliche Betrachtungsweise zugunsten einer Synthese aufgeben.

In der Psychotherapie könnte ein solch verändertes Verständnis bedeuten, dass sowohl Patient als auch Therapeut Qualitäten des wahren Selbst wahrnehmen, erleben und benennen: Nach einer in der Therapie erarbeiteten Erkenntnis entsteht dann Freude, Stille, Weite – und sie werden spürbar, bekommen Raum. Dazu formuliert Wolf Büntig: „Wir verstehen Psychotherapie nicht als Behandlung der Seele, sondern als Heilung mit den Mitteln der Seele. Diese Therapie ist auch nicht reduziert auf die Wiederherstellung des Zustandes vor der Therapie, also des Zustandes von dem und an dem wir krank geworden sind, sondern als Begleitung auf dem Weg zu unserer wahren Natur, für deren Verkennung körperliche und seelische Symptome nicht selten ein Hinweis sind."[18]

Das Ich, das in diesem Prozess zutage tritt, muss sich nicht dauernd „einmischen". Es muss sich auch nicht immer wieder von unserem momentanen Erfahrungsfluss entfernen, es ist einfach da. In den Worten einer Gruppenteilnehmerin klingt das so: „Es ist dann so wertvoll mitzuerleben, dass der ganze Mensch sein darf, hell und dunkel, groß und klein, stark und schwach, hoch und breit, einfach ganz und gar rund. Ach, das gibt Luft, das gibt ein großes Aufatmen… und Mut fürs Leben! Kein einsames Bergsitzen, keine scheue Neugierde auf andere. Juhu, schreit es vom Gipfel und stürmt voller Lust und Freude hinab ins Tal. Soweit ist es noch nicht, aber die Vorstellung macht Laune."

Stellen Sie sich vor, ein Freund legt Ihnen sein wenige Monate altes Kind in den Arm und Sie schauen ihm in die Augen, spüren die feine Haut des Säuglings, hören sein zartes Krähen, sehen sein offenes Gesicht … Wie leicht er uns anstecken kann mit seiner Freude, Berührbarkeit, Stille und Tiefe. Wir werden weit und schmelzen dahin – wie kann der kleine Mensch das? Er scheint noch tief verbunden mit dem wahren Selbst und lässt es in uns anklingen. In solchen Momenten lockern sich die strengen Strukturen des Ego-Ichs – wir sind unterwegs zu uns selbst.

IV

Schritte der Selbsterforschung

In the silence of listening, you can know yourself in everyone, the unseen singing softly to itself and to you.

Rachel Naomi Remen

Selbsterforschung ist offenes Erkunden und Entdecken, wie unsere Seele sich entfaltet, den Reichtum unseres Bewusstseins offenbart.

Selbsterforschung bringt uns in Kontakt mit den Qualitäten der Seele: Liebe und Neugier, die Wahrheit über uns und die Welt zu entdecken.

Aber wie geht das, uns selbst zu erforschen?

Stellen Sie sich vor, Sie sind gerade sehr wütend auf jemanden und wissen nicht, wohin mit Ihrem Zorn. Dann ist es hilfreich, sich zu fragen: „Für was ist es gut, jetzt so wütend zu sein?"

Wir beginnen, uns für unser unmittelbares Erleben, die Wahrheit dahinter und seine tieferen Beweggründe zu interessieren. Wir fragen uns, wofür diese Wut die genau richtige Antwort ist.

Es wird spannend, wenn die Wut erst einmal Raum bekommt, um besser verstanden zu werden. Aber wo führt uns das hin, wenn wir sie zulassen und erforschen?

Es führt nicht etwa zu Chaos, Aufmerksamkeit und Betrachtung können im Gegenteil Handlungen und Haltungen freisetzen, die genau angemessen sind. Wir neigen oft dazu, unangenehme oder bedrohliche Gefühle loswerden zu wollen. So aber berauben wir uns auch der Energie, die in dem Gefühl steckt – bei Wut zum Beispiel ihrer Kraft und ihres Potentials, uns zu schützen.

Wenn wir uns für diese Möglichkeit öffnen, können wir entdecken, dass unser Gegenüber unabsichtlich eine alte Wunde in uns berührt hat, die wir nicht spüren wollen. Haben wir das bemerkt und verstanden, können wir dem Gegenüber anders begegnen. Und wir können uns für diese alte Wunde interessieren:

„Was genau ist in uns verletzt?"
„Wer hat uns ursprünglich so verletzt?"
„Auf wen bin ich also eigentlich so wütend?"

Möglicherweise entdecken wir dann, dass diese Wut uns vor anderen Gefühlen wie Schmerz und Trauer geschützt hat. Wenn wir durch die Wut wieder in Kontakt kommen zu diesen Gefühlen, kann die Wunde zu heilen beginnen.

So offenbart sich die Intelligenz unserer inneren Realität. Wir beginnen, tief zu verstehen, dass jede Regung und jedes Gefühl einen Sinn hat, sonst würde es nicht auftauchen. Wir spüren, wo sie wie hingehören und was sie dort bewirken wollen und auch bewirken können.

In unserem Beispiel der Wut können wir in der aktuellen Beziehung angemessener reagieren. Zudem verweist uns die Wut auf verdrängten Schmerz, der uns jetzt, wo er offenbar wird, den Weg zur heilenden Trauer zeigen kann.

Dieser Prozess macht deutlich, wie wohltuend es ist, uns unseren unmittelbaren Gefühlen zuzuwenden. Doch oft gelingt uns das nicht. Wir alle kennen die Wut über einen Nachbarn, der ständig in der Mittagspause den Rasen mäht oder nachts den Fernseher aufdreht. Aus dieser Wut kann Mut, eine Kraft erwachsen, wenn wir sie uns erst einmal zugestehen. Der Mut wiederum kann uns unterstützen, mit diesem Nachbarn zu sprechen – und die Kraft eine Klärung ermöglichen. Doch um so erleben und handeln zu können, braucht es einen langen Atem und Geduld. Es ist ein weiter Weg hin zu klarer Ruhe und großzügiger Gelassenheit. Auf dem Weg zu dieser Gelassenheit geraten wir lange Zeit immer wieder ins Bewerten oder Manipulieren, wir rechtfertigen uns oder verfallen in innere Dialoge wie: „Ich sollte, müsste doch ein bisschen großzügiger sein!" oder „Warum nur muss ich immer so pingelig sein?!" oder „Wieso kann ich nicht mal nachgeben?"

Diese Sätze für sich klingen erst einmal gar nicht so schlimm. Wenn wir aber auf ihre Wirkung achten, spüren wir, wie destruktiv sie sind und wie rasch sie sich zu Selbsthass verdichten können.

Solche inneren Dialoge entsprechen den Glaubenssätzen, die wir verinnerlicht haben, und sie zementieren unsere Selbstbilder. Gleichzeitig führen sie in der Realität dazu, dass wir uns jedes Mal schlecht fühlen, wenn wir wieder einmal ganz normal Wut haben; weil wir unsere Wut als schlechte Aggression abwerten und ablehnen. Das ist anstrengend und erzeugt unangenehme Gefühle, Widerstände und Anspannung. Und es führt dazu, dass wir uns nicht vollständig wahrnehmen, dass uns immer etwas fehlt, was wir stattdessen im Außen suchen, bei anderen. So gewinnen wir aber nicht das Vertrauen, dass wir alles in uns tragen.

Wir sind nicht unmittelbar verbunden mit dem, was ist; wir sind nicht unmittelbar bei uns.

Das verhindert, dass wir unser ursprüngliches Potential an Lebendigkeit, unsere vielfältige Ganzheit leben. Und darum geht es: unsere wahre und vielfältige Natur wieder als unsere Identität wahrzunehmen.

Was brauchen wir auf dem Selbsterforschungsweg?

- Liebe zur Wahrheit (s. S. 161),
- Übung in der Grundhaltung des Nicht-Bewertens, also einen geübten Umgang mit dem Inneren Richter (s. S. 141),
- Bereitschaft zum Risiko: Offenheit,
- Übung im Präsent-Sein (here and now),
- Übung im unmittelbaren Spüren und Übung darin, statt *über etwas* zu reden, ein Sprechen zu finden, das uns ermöglicht, während des Redens in der Erfahrung zu bleiben.

Diese Merkmale kennzeichnen die Selbsterforschung als phänomenologisches Vorgehen.

Zur Praxis der Selbsterforschung

Üblicherweise wird die Selbsterforschungsarbeit in Seminaren angeboten und gelernt – wir verweisen auf die Adressen am Ende des Buches.

Sie können aber auch alleine mit der Selbsterforschung beginnen: Dabei ist es hilfreich, mit einer kurzen Sammlung oder Meditation einzusteigen. Dann nehmen Sie sich 10 bis 15 Minuten Zeit für ein Thema, das Sie gerade bewegt. Es kann hilfreich sein, ist aber nicht unbedingt erforderlich, eine Frage zu finden, wie wir sie im Buch immer wieder anbieten. Zum Beispiel, wenn Sie gekränkt sind, zu fragen: „Was ist gut daran, jetzt gerade angespannt, gekränkt zu reagieren?"

Es ist ratsam, nicht gleich mit zu schwierigen Themen anzufangen! Unterstützend kann es sein, die einzelnen Erkenntnisse Ihrer Forschung zu notieren.

Ein anderer Weg ist, sich in Zweier- oder Dreiergruppen zu treffen, um ein Gegenüber zu haben, das durch seine Präsenz den Halt für den Forschungsprozess bietet. Vielleicht kennen Sie Menschen, die sich auch auf einem Wachstumsweg befinden und sich dafür interessieren.

Hilfreich ist es sicher, wenn Sie zunächst ein Seminar unter erfahrener Leitung dazu gemacht haben. Auch in der Gruppe ist es am besten, eine Forschungsrunde mit einer Meditationsübung anzufangen.

Im Anschluss an die Meditation hat jeder etwa 15 Minuten Zeit für seine Forschung (ein Zuhörer misst die Zeit) zu einem selbst gewählten Thema. Nach jeder Forschung wird gewechselt, ohne über das Geforschte zu reden. Es können auch Fragen entwickelt werden, die ein Gegenüber im Laufe der Forschungseinheit so oft wiederholt, wie es den Forschenden unterstützt.

Fragenbeispiele finden Sie in den Übungsangeboten.

Wer forscht, braucht seine Themen nicht zu erklären. Er/sie kann den offenen Raum nutzen, um sich kennen zu lernen – und dabei über alle Gefühle zu sprechen, auch Ängste, Schambesetztes, Hass. Er/sie kann immer wieder nachspüren: „Wie wirkt die Frage oder das Thema in mir?"

Vielleicht finden Sie allmählich eine Sprache für die unmittelbare Erfahrung, um nicht *darüber* zu sprechen.

Innere Fragen, die nicht geäußert werden, können hilfreich sein: „Was spüre ich bei der Frage im Körper, wie wirkt das, was ich erforsche, wer bin ich gerade und wie groß, klein, bedürftig, verschlossen, verängstigt etc.?

Hat das mit meiner persönlichen Geschichte, meiner Kindheit zu tun?"

Wichtig ist es auch, das Über-Ich, wenn es sich einmischt, beispielsweise mit dem Urteil, man stelle sich viel zu dumm an beim Forschen, zu bemerken, ihm aber, so gut es geht, nicht zu folgen.

Zur Aufgabe der Begleiter/Zuhörer:

Wesentlich und vielleicht ungewohnt ist es, dass die Zuhörer keine Kommentare, Hörersignale, „Hilfen" oder gar Ratschläge geben, auch keine gestischen oder mimischen Rückmeldungen wie Nicken oder Lächeln.

Offenes Zuhören heißt hier, sich in keiner Weise einzumischen, denn dadurch würden bestimmte Inhalte verstärkt, andere hingegen nicht. Wer bei diesen Sätzen zweifelnd an das berühmte Diktum Paul Watzlawicks aus den 70er-Jahren denkt, man könne nicht nicht kommunizieren, der wird, wenn er sich auf die Regeln der Selbsterforschung einlässt, mit der Zeit erleben, dass das Setting – und das ihm zugrunde liegende generelle Wohlwollen, das sich selbst Erforschende einander entgegenbringen – tatsächlich eine Form von mimischer Nichteinmischung erlaubt, die im Alltag als befremdlich und irritierend wahrgenommen würde. Diese

„neutrale" Mimik ist auch nicht Ausdruck von Unbeteiligtsein, sondern im Gegenteil freundlich, gewährend, respektvoll.

Sich nicht einzumischen im Kontext der Selbsterforschung ist ein wichtiger Ausdruck des Vertrauens in die Forschung des anderen. Der Zuhörer spürt seine Atmung und seinen Körper. Er übt Präsenz, ist da für sich und den anderen.

Unser Unbewusstes ist überaus kreativ und schlau im Erfinden von Ausweichmanövern und Vermeidungsstrategien bei unliebsamen Gefühlen oder Themen. Daher ist die sorgfältige Einhaltung dieser Struktur für den Selbsterforschungsprozess wichtig.

Die Haltung bei der Selbsterforschung

Die Grundhaltung ist ein nicht wertendes, aber genau unterscheidendes Gewahrsein dessen, was gerade ist.

Hilfreich ist es, leicht, offen, nicht angestrengt, spielerisch – von Moment zu Moment – gegenwärtig zu sein.

Selbsterforschung braucht Kraft und Mut, sich mit seinem Über-Ich (Inneren Kritiker), aber auch mit den gewohnten Identitäten und Überzeugungen, Glaubenssätzen (Ego-Identität) auseinanderzusetzen.

Um destruktive Selbstkritik, Zurechtweisungen, Selbsthass und Beschämung anzuschauen, braucht es Standhaftigkeit und Halt.

Manchmal fällt es uns schwer, in der Selbsterforschungsübung der Weite, Leichtigkeit und Stille Raum zu geben, weil wir noch nicht darauf vertrauen, dass wir uns zur Bewältigung des Alltags auf diese Qualitäten verlassen können. Daher begegnen wir diesen Qualitäten oft noch mit Skepsis.

Die Selbsterforschungshaltung lädt ein zu:
- spielerischer Neugierde, die wir als Kinder noch ganz selbstverständlich hatten, freundlichem Hinschauen und Offenheit,
- Verzicht auf die Einteilung von „richtig" und „falsch",
- Verzicht auf Deutungen, Theoretisieren oder angestrengtes Suchen nach Lösungen,
- Verzicht auf Selbstverurteilung, beziehungsweise eine wache Wahrnehmung derselben – erforscht wird alles, was auftaucht,
- Verzicht auf Argumentieren und logische Beweisführungen, weil sie den Zugang zum Reichtum der Seele verstellen.

Selbsterforschung umfasst als zentrale Haltungen:
- Orientierung im Spüren,
- keinen Stress aufkommen lassen oder aber ihn, wenn er sich durchsetzt, zu untersuchen und
- jedes Forschen als „open ended" zu begreifen.

Wenn im Forschungsprozess Wut, Ungerechtigkeit, das Gefühl, nicht gesehen zu werden oder Langeweile auftreten: nicht beiseite schieben, sondern freundlich erforschen – es könnte zu Wesentlichem führen.

Mitgefühl mit Dir und dem Gegenüber ist eine menschliche Antwort auf unsere Ängste und Nöte, da sitzen wir alle in einem Boot.

Mit den Worten einer Selbsterforscherin: „Es war eine wohltuende Erfahrung, wie scheinbar Angst machende und störende Persönlichkeitsstrukturen aus einem bestimmten Blickwinkel, nämlich annehmend, einfach ein Teil von Allem werden. Alles Ausgesprochene fand seinen Platz beziehungsweise bekam auch einen guten Dreh. Nichts war irritierend oder musste weggedrückt werden. Das nenne ich Integration."

Bisweilen dauert es erstaunlich lang, bis wir einen Blickwinkel gewinnen, der uns das sehen lässt, was die ganze Zeit schon da war. Wir stehen so „blind" vor uns selbst, vor dem, was in uns angelegt ist, wie vor jenen Bildern, die zeigen, was sie verbergen, und verbergen, was sie zeigen:

Selbsterforschungsübung zur Haltung beim Forschen

Wenn wir jemanden zum Beispiel unmöglich finden oder uns selbst gerade sehr hohl fühlen, neigen wir dazu, uns von uns und unserem Erleben abzuwenden, weil es schlecht oder unangenehm ist.

Die Übung soll helfen, uns dieser Tendenz bewusster zu werden und sie besser zu verstehen.
Dazu die Fragen:

1. *Was ist gut daran, mich von manchen Gefühlen und Wahrnehmungen abzuwenden?*

   Weil sie vielleicht unangenehm sind, peinlich oder tabu?

2. *Was sind meine „Lieblings"-Methoden, mich davon abzuwenden?*

   Damit sind die Methoden gemeint, die wir am häufigsten anwenden und sehr gut beherrschen, wie zum Beispiel uns davon abzulenken, unwirsch darüber wegzugehen, das Positive zu betonen, hart zu werden, zu frotzeln oder zu verurteilen.

   Weitere interessante Fragen sind:

3. *Welchen dieser Manifestationen von Abwertung, Härte, Gnadenlosigkeit in mir kann ich schon mit freundlicher Aufmerksamkeit begegnen? Welchen nicht? Wie wirkt das? Wie spüre ich das in mir?*

   Diese Frage hilft, sich bewusst zu machen, welche Begrenzungen, „Fehler" man schon freundlich anschauen kann.

4. *Wie fühlt sich dieses Mitgefühl an in mir, wie wirkt es?*

Und als letzte Frage:

5. *Was nehme ich jetzt gerade wahr?*

Dazu reicht es, jetzt, jeden Moment neu nachzuspüren, was an Gefühl, Wahrnehmung, Spüren da ist, und Dich diesem „Wahrnehmungs-Fluss" anzuvertrauen.

Selbsterforschung ist die Freude an der Entdeckung und Wahrnehmung, wie sich die Seele und ihre Liebe zur Wahrheit und Wirklichkeit, so wie sie ist, entfaltet.

Selbsterforschung kann zu einer Haltung werden, die unser ganzes Leben, jeden einzelnen Tag bestimmt. Daraus erwächst gelebte Spiritualität.

Sieben Jahre in Tibet

Neurobiologische Hintergründe
von Selbstwahrnehmung und Meditation

Bei Menschen, die regelmäßig meditieren, fand **Sara Lazar**[19] eine verstärkte Fähigkeit zur Selbstwahrnehmung. In Hirnscans beobachtete sie eine Verdichtung und Verdickung von bestimmten Gehirnarealen wie dem Hippocampus. Dieser hat wichtige Funktionen für das Lernen und das Gedächtnis.

Sie fand auch Veränderungen in anderen Hirnbereichen (zum Beispiel im präfrontalen Cortex und in der Amygdala), die mit Selbstwahrnehmung, Anteilnahme (Compassion) und Selbstbeobachtung (Introspektion) in Verbindung gebracht werden. Diese Fähigkeiten, wie interessanterweise auch die Verarbeitung von Angst und Stress, sind bei Menschen, die regelmäßig meditieren, auch stärker ausgeprägt.[20]

V

Themen der Selbsterforschung

Bevor wir mit den Erläuterungen konkret zu einzelnen Themen beziehungsweise Gefühlen beginnen, möchten wir vorab etwas zum Selbsterforschungsprozess generell sagen.

Selbsterforschung ist ein Prozess, den jeder für sich selbst erleben und auch gestalten kann – und der doch oft produktiver ist, wenn er in der Begegnung mit einem Gegenüber und, wenn möglich, im Rahmen einer Gruppe stattfindet. Warum, wird das Beispiel von Catherine gleich zeigen.

Selbsterforschung erfordert Geduld. Zugleich können sich manche Erlebnisse und Einsichten aber unversehens auch sehr rasch einstellen, erstaunlich klar aus Tiefen emporsteigen, zu denen wir gemeinhin kaum Zugang haben. Beides lässt sich nicht steuern, es passiert einfach. Denn Selbsterforschung ist weniger ein Tun als eine Haltung.

Die Einsichten und Evidenzen, die in der Selbsterforschung erlebt werden, vollziehen sich oft in mehreren Schichten. So kann es sein, dass ein Forschender während seiner Forschung eine für ihn wichtige Erkenntnis gewonnen hat. Durch die Erfahrung eines anderen Gruppenmitglieds in der Sharing Runde nach der individuellen Forschung kann eine weitere Einsicht hinzutreten. Und drei Tage später wird ihm in einer Alltagssituation eine spezielle Dynamik deutlich, die er schon oft erlebt hat, die aber erst durch den Forschungsprozess für ihn transparent und spürbar wird. Catherine zum Beispiel hat das bei der Forschung zu Hass erlebt:

An einem Abend, als das Thema „Hass" in der Gruppe erforscht wird, wird Catherine zum ersten Mal deutlich, dass sie „Hass" nur als Reaktion auf Demütigungen bei sich kennt. Und dass den Hass zu spüren, für sie eine wichtige Alarmanlage ist. Nimmt sie den Hass wahr, kann sie sich von der Quelle der Demütigungen abgrenzen. Gesteht sie ihn sich nicht zu, wird die Demütigung zum Selbsthass und sie hasst sich wiederum für diesen Selbsthass – eine scheußliche Spirale.
Während der Sharing Runde erzählt eine Frau, dass sie in der Forschung intensiv erlebt hat, wie Hass zuzulassen und dem anderen auch auf vorsichtige Weise zu kommunizieren ein Akt von Vertrauen werden kann, das heißt Verbindung herstellt. Für Catherine ist genau das ganz anders. Den Hass zuzulassen hat für sie im Gegenteil die Wirkung eines wehrhaften Schildes. Vor Jahren schon hat sie diese heilsame Wirkung entdeckt. Catherine wird manchmal nachts wach und dann von Ängsten geplagt: Den Kindern passiert etwas, das Haus brennt ab, sie wird ihren Job verlieren etc. Catherine weiß, woher, von welcher Figur in ihrem Leben diese Vernichtungsängste kommen. Vor Jahren hat sie irgendwann plötzlich mitten in einer solchen Angstwelle begonnen, mit dem Bild dieses Menschen vor Augen „Ich hasse Dich" zu sagen. „Ich hasse Dich. Ich hasse Dich." Das wirkt. Die Angst verblasst, Catherine wird ruhiger, kann meist wieder einschlafen.
  Sie erzählt von dieser Erfahrung und begreift durch die Rückfragen des Gruppenleiters, dass es nicht der Hass ist, der ihr hilft, sondern der Mut, diesen Satz zu spüren und zu sagen. Dieser Mut bringt sie in Verbindung zu ihrer Power, die sich im Hass verbirgt.
  Drei Tage später klingelt es, die Nachbarn stehen vor der Tür. Sofort fällt es Catherine siedend heiß ein: die Schuhe im Flur. Sie

hat dem alten Ehepaar nun schon so oft versprochen, dass sie ihre Schuhe nicht mehr vor der Wohnung stehen lassen wird, aber sie vergisst es immer wieder – und die ganze Familie ist es von der alten Wohnung her so gewöhnt. Warum die Nachbarn ausgerechnet in dieser Angelegenheit so empfindlich sind – als ob ein paar Schuhe so wichtig wären! Aber die stirnrunzelnde Mahnung trifft Catherine, trotz aller inneren Distanz, an einem wunden Punkt. Jedes Mal, wenn die beiden alten Leutchen Catherine an das Versäumnis erinnern, kommt bei ihr an, dass sie zu unordentlich, zu chaotisch ist für dieses ordentliche Haus, als hätte sie sich unrechtmäßig eingeschlichen. Es fühlt sich an, als sei sie nicht in Ordnung – für Catherine von Kind an ein vertrautes Gefühl. Natürlich haben die Nachbarn keine Ahnung, was sie mit ihren hartnäckigen Ermahnungen in Catherine auslösen. Aber manchmal hasst sie sie richtig für ihre Penetranz. Damit dieser völlig unbotmäßige Hass nur ja nicht nach draußen dringt, ist sie immer ganz besonders freundlich zu den beiden, geradezu unterwürfig. Was oft wieder unmittelbar zu Selbsthass führt – die alte Leier.

Doch dieses Mal ist Catherine sensibilisiert. Sie spürt zwar die bekannte Ohnmacht, das peinliche Gefühl, schon wieder „ertappt" worden zu sein, und den Moment von Verachtung gegenüber den Nachbarn („Scheiß Spießbürger!"). Aber dann erscheint ihr das Ganze doch eher harmlos. Sie denkt still für sich, dass es ihr irgendwann schon gelingen wird, den Flur „schuhfrei" zu bekommen – oder eben auch nicht. Sie kann in der gleichen Situation auf einmal ruhig bleiben – ein besonderer Ausdruck ihrer Power. Und sie kann plötzlich auch sehen, dass das ältere Ehepaar, das ansonsten nett und hilfsbereit ist, sich eben einfach gestört fühlt, auch wenn sie das überhaupt nicht verstehen kann. Sie versichert den beiden kurz und freundlich, dass sie alle nochmals ermahnen und sich selbst Mühe geben wird, und wünscht ihnen entspannt einen schönen Tag.

Anschließend ist Catherine zufrieden mit sich – und einmal mehr davon beeindruckt, wie weit und anhaltend die Kreise sind, die die Selbsterforschungsarbeit mitunter zieht.

So wie Catherine mit den Einsichten des Forschungsabends lebt, ist es wahrscheinlich, dass sie auch künftig immer wieder auf neue Beobachtungen zu diesem Thema stoßen wird. Das nächste Mal vielleicht in einem Traum oder innerhalb einer überraschenden Erinnerung.

Wir können jeder Situation im Leben mit der Haltung der Selbsterforschung begegnen: unangenehmen und angenehmen Gefühlen, Körperwahrnehmungen, Konflikten – sowohl den belastenden als auch konstruktiven Anteilen – und natürlich Begegnungen.

> Es ist sehr gut denkbar, dass die Herrlichkeit des Lebens um jeden und immer in ihrer Fülle bereit liegt, aber verhängt, in der Tiefe, unsichtbar, sehr weit.
> Aber sie liegt dort, nicht feindselig, nicht widerwillig, nicht taub. Ruft man sie mit dem richtigen Wort, beim richtigen Namen, dann kommt sie. Das ist das Wesen der Zauberei, die nicht schafft, sondern ruft.
>
> *Franz Kafka*
> *Tagebücher 1910 - 1923, 18. 10. 1921*

I.

Wut und Ärger als Quelle innerer Kraft

Redewendungen sind mitunter sprechend. So drückt das hilflose „Ich könnte aus der Haut fahren vor Wut" ganz unmittelbar aus, wie Wut oft erlebt wird: als eine emotionale Kraft von solcher Wucht, dass wir meinen, sie nicht aushalten zu können.

Wohin mit der Wut, wenn wir sie nicht ertragen können – aber auch nicht äußern, nach außen bringen dürfen? Denn wir alle wissen, dass der blinde Ausdruck von Wut oder Ärger gemeinhin negativ bewertet wird. Und sie einfach auszuagieren zeitigt meist keine gute Wirkung.

Also versuchen wir, Wut und Ärger – „um des lieben Friedens willen" – zu unterdrücken, sie hinunterzuschlucken. Die Instanz, die die Regie übernimmt und uns vor dem Ausbruch unserer Wut „bewahrt", manchmal sogar davor, sie zu spüren, ist das Über-Ich (der „Innere Kritiker" s. S. 141). Der Preis aber, den wir dafür zahlen, ist hoch. Gärt doch die hinuntergeschluckte Wut weiter und verschafft sich oft bei der nächsten, meist unpassenden, Gelegenheit Luft. Zum Beispiel in einer bissigen Bemerkung, die „es" in sich hat – nämlich die ganze Kraft des zuvor verborgenen Ärgers. Innerhalb dieser Dynamik wirkt diese Kraft zerstörerisch nach außen oder sie wendet sich autoaggressiv gegen uns selbst, etwa indem wir uns verurteilen oder uns „aus Versehen" selbst verletzen.

Und wenn wir uns doch zu einem Wutausbruch hinreißen lassen – man spürt schon sprachlich den Vulkan –, bereuen wir es später oft sehr. Aber auch diese Reue bewahrt uns nicht vor dem nächsten Mal.

So entsteht ein Teufelskreis, den wir wieder und wieder erleben. Ein wichtiger Grund für diese Wiederholung ist, dass wir, wenn wir unsere Wut unterdrücken – desgleichen wenn wir sie hemmungslos „raus lassen" –, nicht präsent sind. Wir befinden uns nicht in einem klaren, bewussten Kontakt mit uns selbst und mit dem Gegenüber. Wenn wir aber nicht wirklich präsent sind, übernehmen Automatismen und Muster die Führung. Automatismen und Muster des Ego-Ichs, welches nur immer gleich reagieren kann („Ego-Reaktivität"[21]) – eine Antwort, die der jetzigen Situation angemessen ist, gelingt so nicht.

Wie können wir diesen Teufelskreis durchbrechen?

Was wir brauchen, ist einen lebendigen, von Angst und Urteilen freien Umgang mit unserer Wut, einen Umgang, der es uns ermöglicht, sie weder blindlings „rauszulassen" noch „runterzuschlucken".

Voraussetzung für eine solche souveräne, konstruktive Haltung ist zuerst einmal: Wertschätzung. Es gilt, der Wut als einer wertvollen Emotion einen Platz einzuräumen in uns. Dadurch, dass wir ihr Raum geben, kann sich die ihr zugrunde liegende Kraft entfalten. So wird aus Wut schöpferische Potenz, die zu Klarheit und Wahrhaftigkeit führen kann.

Dafür brauchen wir Kontakt zu ihr, müssen vertraut werden mit unserer Wut. Sie in ihrem Wesen, ihren Ausdrucksformen und der speziellen Geschichte, die sie für jeden von uns hat, kennen zu lernen, ist eine spannende Erfahrung, die die Selbsterforschung ermöglicht. Sie ist ein Weg, Wut – und anderen Gefühlen – neu zu begegnen. Uns selbst neu zu begegnen.

Können Sie sich vorstellen, dass Sie sich für Ihre Wut interessieren – ihr sogar vorübergehend Ihre ganze Aufmerksamkeit schenken, sie genau erforschen?

Es reicht nicht, die Muster und Hintergründe unserer Wut intellektuell zu verstehen – obwohl das natürlich auch Teil des

Forschungsprozesses sein kann. Wir müssen sie auch spüren, erleben, konkret im jeweiligen Augenblick in unserem Körper empfinden – im Sinne des „Felt Sense", wie es im „Fokussing"[22] genannt wird.

Bei solchen Emotionen im Spüren präsent bleiben zu können, hilft die Achtsamkeits-Meditation.

Wenn wir konzentriert im Kontakt mit uns selbst sind, können wir uns fragen: Wo spüre ich die Wut in meinem Körper und wie fühlt sie sich an? Wie kann ich ihr Raum geben, um die Energie und die stimmige seelische Bewegung, die ihr innewohnt, entdecken zu können?

Wut kann sich, solange wir uns nicht mit ihr vertraut gemacht haben, bedrohlich anfühlen. Das ist einer der Gründe, warum wir oft vermeiden, sie überhaupt zu spüren. Wut zu spüren – heiß, heftig, aufschießend, vulkanähnlich – kann heißen, eine intensive Energie zu erleben. Was diese Kraft will, zu welchem Zweck sie in der jeweiligen Situation hochsteigt und sich zeigt, auch das ist jeweils neu zu erforschen.

Viele Menschen reagieren, wenn sie mit der Selbsterforschung beginnen und an ihre Wut geraten, mit dem Einwand: Was soll es nutzen, den Ärger nur zu spüren? Das ändert doch nichts an den Tatsachen! Unser Ego-Ich (s. S. 63) geht also selbstverständlich davon aus, dass sich etwas ändern soll. Mehr noch, es will schon *vorher* wissen, was sich verändern soll – und in welche Richtung. Meist erwarten wir, dass zum Beispiel der Partner oder der Chef sich gefälligst ändern! Erfahrungsgemäß tun sie das aber nicht.

Um uns selbst zu erforschen, brauchen wir zunächst Offenheit, die Bereitschaft zum Noch-nicht-Wissen – eine Haltung, die unserem Ego-Ich nicht möglich ist. Doch nur so können wir herausfinden, was die Wut wirklich bewirken will. Denn jeder Ärger hat (s)einen einzigartigen Sinn mit der genau passenden Wirkung in uns selbst und auf den anderen.

Das soll durch ein Beispiel anschaulich werden.

Michael ist am Ende! Fast jeden Tag legt man ihm zusätzliche Arbeiten auf den Tisch, die zudem gar nicht in seinen Bereich gehören. Kann er was dafür, dass die Sekretärin im Krankenhaus und ihre Vertretung überfordert ist?! Aber das kümmert den Chef nicht. Der spricht nur von Belastbarkeit und Flexibilität und fordert Leistung. Damit nicht genug, muss Michael, wenn er nach Hause kommt, auch noch seinen pubertierenden Sohn in die Schranken weisen und all das erledigen, was seine Frau im Haus nicht geschafft hat. Wie er sich fühlt, danach fragt keiner!

Die meisten Michaels belassen es beim ärgerlichen Jammern im Gespräch mit Freunden oder in der Familie, resignieren oft – und finden sich irgendwann beim Arzt oder in einer Kur wieder.

Unser Michael aber hat einen anderen Weg gewählt. Er hat sich einer Selbsterforschungsgruppe angeschlossen und beginnt, sich seinem Ärger zuzuwenden. Er spürt zunächst seine Anspannung im Kopf und im Nacken, lässt sich auf diese Anspannung ein und merkt, wie Traurigkeit in ihm aufsteigt. Wie oft hat er sich anstrengen müssen, seit seiner Kindheit. „Ich will es einfach nur mal leichter haben, mühelos!", entfährt es ihm spontan. Eine nur zu verständliche Sehnsucht.

Und nun geschieht etwas: Indem er seiner schmerzvollen Anspannung, seiner Trauer und Sehnsucht Aufmerksamkeit schenkt, ihr Ausdruck verleiht und dadurch eine Berechtigung zuspricht, löst sich etwas in ihm. Er fühlt die starke Energie der Wut in seinem Bauch, die Atmung geht tiefer. Er fühlt sich größer, belebter und mutiger, befreit.

Aus dieser unverhofften Erfahrung heraus beginnt er beim nächsten Selbsterforschungstreffen, seine Erwartung und seinen Vorwurf an „die Welt" genauer zu untersuchen. Was er entdeckt, überrascht ihn selbst: Er erinnert sich, wie er als Kind immer wieder überfordert wurde von den Aufgaben, die sein Vater ihm übertrug – und dass ihm dann alles ganz konkret zu schwer wurde, nicht zu schaffen war. Hier hat seine Wut gegen „die Welt" – für ein Kind sind die Eltern die Welt – ihren Ursprung und hier war sie auch angemessen. Aber sie war nicht erlaubt. Wurde er wütend, hat der Vater ihn bestraft. Wenn aber Wut und ihre Kraft zu spüren verboten ist, erleben wir uns als schwach und ausgeliefert.

Diese Erfahrung formt ein Stück seines Bildes von sich selbst und von der Welt, nämlich die Überzeugung: „Ich bin immer überfordert, ich schaffe es nicht. Die Welt erwartet ständig zu viel von mir, ich muss mich permanent anstrengen, versage trotzdem und darf mich auch nicht offen wehren."

Er erkennt, dass die beunruhigende Vehemenz seiner Wut nicht aus dem Jetzt, sondern aus seiner Kindheit gespeist wird. Das eröffnet ihm die Möglichkeit, sich für die alten Verletzungen emotional zu öffnen und sie zu verarbeiten. Die Kraft und Klarheit, die aus der Wut erwächst, ermöglicht es ihm, das Damals vom Jetzt zu unterscheiden. Er betrachtet die heutige Situation und erkennt: „Jetzt, heute, bin ich den Überforderungen nicht mehr so hilflos ausgeliefert wie früher. Ich kann mitbestimmen, was zu schaffen ist und was nicht, und wie ich etwas machen möchte."

Seine Erkenntnis ermöglicht es ihm, für die eigenen Grenzen und Gestaltungsimpulse einzustehen, sich gegenüber unangemessenen Anforderungen abzugrenzen und so vor Überforderung zu schützen. Was Michael jetzt erlebt, ist Wut als eine gesunde Aggression im Sinne des Mutes, auf etwas zuzugehen. Sein Selbstbild, das in der Kindheit entstanden ist, kann sich lockern und einer Neugier auf sein jetziges Erleben weichen.

Diese Erfahrung führt ihn im Laufe der Zeit zu weiteren Fragen. Zum Beispiel zur Frage, wofür es gut ist, dass es Herausforderungen gibt, die ihm Anstrengungen abverlangen.

Manche dieser Herausforderungen und Hürden beginnen, sich für Michael nun stimmig anzufühlen. Was er früher rasch und unterschiedslos als Zumutung erlebte, erweist sich jetzt als vielgestaltig: Neben den tatsächlichen Überforderungen gibt es Herausforderungen, die ihn wachsen lassen, ihm Weite, Selbstvertrauen und ein Gefühl für seine eigenen Gaben und Fähigkeiten vermitteln.

Voller Freude erlebt er, wie ihn seine durch die Herausforderungen wachsende Kraft befähigt, sich abzugrenzen und mitzugestalten. Er gewinnt eine gute Distanz zu seinen alten, gewohnten Mustern. Und er kommt in Kontakt mit spirituellen Qualitäten: Kraft, Mut, Klarheit und Differenzierungsfähigkeit.

Selbsterforschungsübung zur Wut

Wenn Du Wut und Ärger bei Dir selbst erforschen willst, wirst Du bemerken, dass manchmal ein Verbot, eine negative Bewertung wirksam wird. Wenn solche „Hindernisse" auftauchen, ist es hilfreich, erst einmal die Hindernisse anzuschauen und zu verstehen. Ein Verbot oder eine Abwertung kommt ja meist daher, dass Wut und Ärger nicht erlaubt waren oder sich negativ auswirkten.

Vielleicht kann es Dir helfen, zunächst auf die Bewertung zu verzichten und für Dich selbst neu zu überprüfen, ob sie so pauschal überhaupt stimmt. Vor allem aber, ob die Bewertung dann noch stimmt, wenn Du etwas Neues ausprobierst, nämlich dem Ärger erst einmal bei Dir Raum gibst, ihn nicht gleich entweder „rauslässt" oder „runterschluckst".

Dieses Raum-Geben ist die Voraussetzung dafür, Wut und Ärger genauer erforschen zu können.

Am Anfang steht immer das körperliche Erleben von Wut. Achte besonders darauf, wie Du die Energie der Wut in Deinem Körper spürst. Wenn es zu viel wird, ist es hilfreich, wieder „herunterzufahren" und langsamer, dosiert vorzugehen. So wirst Du – früher oder später – entdecken, dass sich die Intensität von Gefühlen, wenn Du sie zulässt, auf eine stimmige Weise selbst reguliert.

Erwarte nicht gleich bei den ersten Malen einer Forschung dramatische Ergebnisse und Superlösungen. Das setzt Dich zu sehr unter Druck. Ein Forcieren der Gefühle aber widerspricht der Grundhaltung in der Selbsterforschung. Eine Wirkung des

Forschens wirst Du auch ohne jeden Nachdruck spüren – und kannst dann den Fragen nachgehen:

1. *Was ist gut daran, das Spüren von Wut zu vermeiden?*

    Vielleicht gibt es alte Verbote oder bedrohliche Erfahrungen damit.

    Vielleicht fühlt es sich überfordernd an, sie zu spüren, oder es kommt Angst hoch vor den Folgen oder davor, sie nicht aushalten zu können.

2. *Wie vermeidest Du das Spüren der Wut?*

    Unterdrückst oder verurteilst Du sie? Wie? Lässt Du sie ungefiltert raus? Auch das ist ein Vermeiden, die Wut wirklich zu spüren.

3. *Wie erlebst Du Deine Wut?*

    Du kannst die Energie der Wut wahrnehmen, wie sie sich im Bauch anfühlt, in den Armen und Beinen, wie die Atmung ist, wie sie in Dir wirkt und wie Du Dich dann insgesamt erlebst. Weiter, kräftiger, klarer?

Die Wut-Probe

Zum neurobiologischen Hintergrund von Wut und Aggression

Neurobiologische Forschungen legen nahe, dass „unprovozierte, spontane Aggression (...) bei psychisch durchschnittlich gesunden Menschen keine Grundmotivation, kein Trieb und kein Instinkt" ist. „Damit ist", wie Joachim Bauer betont, „die Theorie eines menschlichen ‚Aggressionstriebes', die von Sigmund Freud 1920 aus der Taufe gehoben und später durch Konrad Lorenz zugespitzt worden ist, widerlegt." „Die Erkenntnis der modernen Neurobiologie, dass sich ein menschlicher ‚Aggressionstrieb' nicht nachweisen lässt, gibt Charles Darwin Recht, der einen Aggressionstrieb immer in Frage gestellt hat."[23], führt er weiter aus.

Wenn Aggression kein Trieb ist, was ist sie dann? Sie ist eine angemessene – wenngleich nicht immer adäquat geäußerte – Antwort auf bestimmte soziale Situationen wie Ausgrenzung oder Demütigung. Wenn wir uns vor Augen führen, dass wir, gehirnphysiologisch betrachtet, soziale Ausgrenzung ebenso erleben wie körperlichen Schmerz, dann erklärt dies, warum wir bei sozialer Ausgrenzung so heftig reagieren.

Dies ist auch ein Aspekt, der die Aggression von Amokläufen zu verstehen hilft.

Mit der Beobachtung, dass soziale Ausgrenzung Aggression nach sich zieht, steht die Aggression im Dienste des sozialen Zusammenlebens: Wo die soziale Integration gefährdet ist oder gefährdet erscheint, entsteht sozusagen als soziales

Regulativ Aggression. Diese Funktion kann die Aggression in der Regel jedoch nur dann übernehmen, wenn sie sprachlich kommuniziert wird.

„Der biologische Aggressionsapparat des Menschen besteht aus zwei Komponenten. Auf der einen Seite erzeugt, wenn wir körperlichen oder seelischen Schmerz erleiden, eine Art ‚Dampfkesselkomponente' (‚bottomup drive') den in uns aufsteigenden Zorn. Bestandteile dieser Komponente sind die Angstzentren (Mandelkerne), die Aversionszentren (Teile der vorderen Insula), die Stresszentren (Teile des Hypothalamus) und die Erregungszentren des Hirnstamms.

Auf der anderen Seite gehört zum Aggressionsapparat des Menschen auch ein ‚moralisches Kontrollzentrum' (‚topdown control'). Dieses besteht aus Nervenzell-Netzwerken, die ihren Sitz im Stirnhirn haben (die genaue Bezeichnung lautet ‚orbitofronaler Cortex'/OFC bzw. ‚medioventraler präfrontaler Cortex', mvPFC). Aufgabe der Nervenzell-Netzwerke des ‚moralischen Kontrollzentrums' ist es, Informationen darüber zu speichern, wie sich Handlungen, die ich selbst ausführe, für andere Menschen anfühlen.

Wenn ein psychisch durchschnittlich gesunder (das heißt nicht psychopathisch kranker) Mensch geärgert wird, werden beide Komponenten des biologischen Aggressionsapparates aktiv. Die ‚Dampfkesselkomponente' erzeugt die in uns aufsteigende Wut. Gleichzeitig informiert uns das ‚moralische Kontrollzentrum' unseres Stirnhirns darüber, wie das, was wir nun in unserem Ärger zu tun beabsichtigen, von der anderen Seite erlebt würde. Damit bewahrt uns das ‚moralische Kontrollzentrum' – wohlgemerkt: zu unserem eigenen Nutzen – davor, überschießend zu reagieren."[24]

Wenn wir Gefühle wie Wut oder Angst haben, neigen wir oft dazu, heftig zu reagieren und diese Regungen negativ verstärkend zu verarbeiten: Selbstbeschuldigung, Katastrophisieren und Grübeln führen zu einer Dramatisierung der ohnehin schon intensiven Gefühle – ein Teufelskreis.

Verschiedene wissenschaftliche Studien der letzten zehn Jahre zeigen, dass eine kontinuierliche Meditationspraxis die Netzwerke des Gehirns, die für die Regulation der Gefühle zuständig sind, in dieser Funktion unterstützt. Wir können dann überwältigende Gefühle leichter modifizieren, ohne sie impulsiv auszuagieren.

Auch unser Selbstgefühl verändert sich dadurch. Wir erleben uns nicht als jemand, der Gefühlen ausgeliefert ist und zu Ausbrüchen neigt, sondern als jemand, der auch bei intensiven Gefühlen ruhig und angemessen reagieren kann.

Dass für Menschen, die zu unkontrollierten Wutausbrüchen neigen, **Mindful Meditation** besonders geeignet ist, diese Impulsivität zu regulieren, zeigen viele Studien. Hier seien nur die von Steven Wright und R.J. Davidson erwähnt.[25]

Die Daten zu dieser Wirkung von **Mindful Meditation** sind auch gut mit Überlegungen vereinbar, denen zufolge Meditierende geschult sind in exekutiver Aufmerksamkeitskontrolle und Emotionsregulation. Erfolge im Einsatz von MBSR beziehungsweise MBCT-Training bei Angstpatienten und Depressiven stützen diese Erwartung.[26]

„Hier ist es interessant, die neurophysiologischen Korrelate der Symptom-Verbesserungen zu ermitteln. Möglicherweise geht dabei eine stärkere Aktivierung emotionsregulierender Areale, wie dem OFC und medialen PFC mit einer Hemmung von Arealen einher, denen die Verarbeitung bedrohlicher Reize zugeschrieben wird (zum Beispiel Amygdala, dorsales ACC)."[27]

Auch bezogen auf den Zusammenhang zwischen Regulation sozialer Kontakte und dem Erkennen von emotionalen Gesichtsausdrücken kommen Studien zu interessanten Ergebnissen: Jugendliche, die zu Aggressionen neigen, können offenbar schlechter als nicht auffällig aggressive Jugendliche beurteilen, welche Gefühle hinter den Gesichtsausdrücken ihrer Mitmenschen stecken. Japanische Psychologen haben jugendlichen Straftätern Fotos von Gesichtern vorgelegt, in denen sich Emotionen wie Angst, Freude oder Ablehnung spiegelten. Die Delinquenten verwechselten insbesondere Ekel und Ablehnung mit Ärger – einem Gefühl, das sie selbst in erhöhte Gewaltbereitschaft versetzt.[28]

Regelmäßig Meditierende hingegen können die Gesichtsmikromimik signifikant besser und rascher erkennen und unterscheiden als Menschen, die nicht geübt sind zu meditieren, wie Paul Ekman (University of San Francisco) in Zusammenarbeit mit dem Dalai Lama herausgefunden hat. Das gibt ihnen einen großen Vorteil bei der Gestaltung zwischenmenschlicher Kontakte und unterstützt sie bei der Regulierung von Aggressionen.[29]

„Isaac griff nach einer der Basketballtrophäen aus dem Regal, hielt sie sich über den Kopf und sah August an, als warte er auf grünes Licht. ‚Ja', sagte August. ‚Los'. Krachend flog der Pokal zu Boden, der Plastikarm des Basketballspielers splitterte ab, den Ball noch immer in der Hand. Isaac trampelte auf den Trümmern herum. ‚Ja', rief Augustus. ‚Zeig's ihm!' (…) Eine nach der anderen landeten die Trophäen auf dem Boden und Isaac zertrat sie schreiend, (…) stampfte mit beiden Füßen auf ihnen herum, brüllend, atemlos, verschwitzt, bis er schließlich auf dem Haufen der zersplitterten Trümmer zusammensank.
Augustus kniete sich zu ihm. ‚Besser?', fragte er.
‚Nein', murmelte Isaac keuchend.
‚Das ist das Problem mit dem Schmerz', sagte Augustus und sah mich an. ‚Er verlangt, gespürt zu werden."

John Green
Das Schicksal ist ein mieser Verräter, 2012

2.

Angst und ...

„Ängste. Kenne ich. Was ich aber bis heute nicht durchschaue:
Warum hat man manchmal in wirklich gefährlichen Situationen keine Angst und verfällt in anderen, in denen es eigentlich um nichts oder Eitelkeiten geht, in Panik?"

Christina von Braun
Interview in der „taz", 1. 9. 2012

„Angst essen Seele auf" hieß ein Film in den 70er-Jahren. Der Regisseur Rainer Werner Fassbinder erzählt darin zwar die Geschichte einer sehr konkreten Angst – vor Diskriminierung –, der Titel des Films aber erfasst anschaulich den tiefen Prozess, der mit Angst einhergeht: Die Verbindung zu unserer Seele, ihren essentiellen Kräften, ist unterbrochen, wenn wir Angst haben. Diese Erfahrung erzeugt ihrerseits Angst – und in der Tat zählen Angststörungen zu den verbreiteten psychischen Belastungen in der westlichen Welt.

Das ist eigentlich verwunderlich – leben wir doch in einer der sichersten Regionen der Erde. Wir müssen nicht um unser Überleben kämpfen, werden in der Regel nicht physisch bedroht. Und doch leiden wir an mannigfaltigen Ängsten, die unsern Alltag verdüstern, verengen, oft zur Pein werden lassen.

Menschen, die religiös sind, wenden sich in ihrer Angst oft an einen Gott. Doch wer diesen Bezug nicht (mehr) hat, ist zunächst allein mit seinen Ängsten. Dieses Ausgeliefertsein hat seine Wurzeln gesellschaftsgeschichtlich nicht zuletzt in der Aufklärung. Im Mittelalter fühlten sich die Menschen in der Regel eingebunden in stabile Strukturen und lebten in dem Gefühl, einen festen Platz in der Welt zu haben. Bis zur Aufklärung, das heißt bis ins 18. Jahrhundert hinein, hatten viele Menschen zudem eine spontane Verbundenheit mit Gott – eine Verbundenheit, die aber nicht hinterfragt werden durfte, das heißt Unmündigkeit verlangte.

Das Ziel der Aufklärung war Freiheit des Denkens. Diese Freiheit aber verlangt vom Menschen, den Kontakt zu göttlichen Qualitäten und zum eigenen Wesenskern neu zu gewinnen, ohne in die vormalige Unmündigkeit zurückzufallen. Denn solange das selbstbestimmte und selbstverantwortete Leben nicht mit Halt im eigenen göttlichen Wesen verbunden ist, kann die geistige Befreiung des Menschen tiefe Verlorenheit und Angst hervorrufen.

Die Selbsterforschungsarbeit unterstützt diese Suche und Verbindung zum eigenen göttlichen Wesen – und macht zugleich auf eine ihr eigene Weise ernst mit der Aufforderung: „Habe Mut, dich deines eigenen Verstandes zu bedienen!" (Immanuel Kant) Der Verstand wird hier allerdings nicht als rein gedankliche Instanz begriffen, sondern umfasst auch das Wahrnehmen, Fühlen und Spüren unserer seelischen Prozesse.

Nicht mit dem Halt in unserem eigenen göttlichen Wesen verbunden zu sein, ist der Zustand, in dem wir uns befinden, wenn wir mit dem Ego identifiziert sind. Wir sind dann auf uns gestellt, erleben uns als getrennt von uns und von anderen.

Diese unterbrochene Anbindung an unser göttliches Wesen ist eine der wesentlichen Ursachen unserer Ängste. Uns fehlt das Vertrauen in eine gütige Führung und einen sicheren Halt.

Das Ego-Ich wiederum besteht, wie wir gesehen haben, aus verinnerlichten kindlichen Erfahrungen und damit auch aus allen kindlichen Ängsten. Und es ist per se unsicher und haltlos, weil es nicht unsere wahre Natur ist, sondern ein gelerntes Konstrukt. Wenn wir in unserer normalen Ego-Identität leben, sind also auch wir unsicher und haltlos. Denn diese Ego-Identität braucht permanent Bestätigung und neigt dazu, Halt und Sicherheit im Außen zu suchen, in mehr Geld, einer sicheren Partnerschaft, einem größeren Auto, mehr Versicherungen oder Ähnlichem.

Wir haben vergessen, verlernt, die verlorenen Qualitäten der Seele – Halt, Sicherheit und Vertrauen – in ihrer Verbindung zu unserem wahren Wesen zu suchen und wahrzunehmen.

Von den vielen möglichen Formen der Angst wollen wir zwei genauer betrachten, die bei der Selbsterforschung häufig Thema sind: die Angst aufgrund fehlenden Halts und die Angst, die durch die Konfrontation mit unserem Über-Ich ausgelöst wird.

Wir alle kennen Situationen, in denen ein kleiner Anlass große Angst auslöst. Es genügt eine Kleinigkeit, ein Gesichtsausdruck, ein Tonfall – und in unserem Inneren geht es sofort ums Ganze, ums Überleben. Solche Trigger setzen in den Gefühlszentren unseres Gehirns die dort gespeicherten, unverarbeiteten kindlichen Ängste unmittelbar frei. Die Netzwerke der Hirnrinde, die uns das bewusst erleben lassen würden, werden bei diesem Prozess nicht informiert. Daher wird uns zunächst nicht bewusst, dass in der jetzigen Situation kein Grund zur Angst besteht.

Beinahe hätten sie gestritten. Die anstehende Reise ihres Freundes Tom löst in Marie eine Angst aus, die ihr anfangs nicht als Angst bewusst wird. Sie nimmt nur eine diffuse Unruhe wahr, die sie – ersatzweise – einen Streit inszenieren lässt: Sie macht Tom Vorwürfe wegen ein paar Rechnungen, die zu bezahlen er vergessen hat. Erst seine entgeisterte Rückfrage, ob er etwa erst fahren dürfe, wenn er die

Überweisungen zur Bank getragen hätte, lässt sie innehalten. Nach einigem Nachspüren wird ihr klar, dass sie gar nicht sauer auf ihn ist, sondern dass seine Reise ihr Angst macht. Dass sie ihn tatsächlich am liebsten aufhalten, hier behalten würde.

Marie möchte zuerst nur die belastenden Angstgefühle loswerden – eine Reaktion, die wir alle kennen. Die Anregung des Leiters ihrer Selbsterforschungsgruppe, ihre Gefühle erst einmal genauer anzuschauen, bevor sie sie loswerden will, macht sie neugierig. Als sie ihre Aufmerksamkeit darauf lenkt, wie sie ihre Angst in ihrem Körper spürt, stößt sie wieder auf die Unruhe, als eine Art Sehnsucht. Sehnsucht wonach? Nach etwas, das offenbar Tom verkörpert. Das sie, wenn Tom da ist, Sicherheit und Halt erleben lässt – und, wenn er weg ist, die Angst, ins Leere zu fallen.

Gleichzeitig gönnt sie ihm die Reise – auf der Erwachsenenebene – und fragt sich, ob sie, quasi wie ein Kind, Sicherheit wirklich nur durch den anderen, nämlich Tom, bekommen kann.

An diesem unsicheren Punkt, an dem sie noch keine Antwort auf ihre Frage hat, sucht sie – wiederum wie wir alle – Halt bei den strengen Eltern-Introjekten. Deren Botschaften vermitteln tatsächlich Halt, indem sie „uns an der Hand nehmen" und sagen: „Mach's so!" – „Sei so!" – „Mach es einfach richtig!" Und Marie hat, wenn sie als Kind Angst hatte – zum Beispiel nachts, wenn die Eltern ausgegangen waren –, immer wieder ein schroffes „stell Dich nicht so an!" gehört.

Das sind vertraute Orientierungen, die für Kinder irgendwann gut gewesen sein mögen oder oft wenigstens gut gemeint waren. Für uns als Erwachsene aber sind sie fatal, weil wir so automatisch wieder in die abhängige Kind-Position geraten.

Was wir als Erwachsene in solchen Momenten von Nicht-gehalten-Sein vor allem brauchen, ist Zugang zum Halt in der Präsenz. Das heißt nicht, wie oft missverstanden wird, dass wir „uns selbst Halt geben müssen". Nein, er kommt aus uns selbst.

Auch Marie erinnert sich im Laufe mehrerer Selbsterforschungsübungen, dass sie durchaus Erfahrungen von Halt und Sicherheit kennt, auch wenn sie allein ist. Die Erkenntnis lässt sie diese Qualitäten auch jetzt spüren. Aus der neuentdeckten Geborgenheit in sich selbst erwächst eine sie überraschende Freiheit und eine Ruhe, die sie unternehmungslustig werden lässt.

Bis sie zu dieser Unternehmungslust gefunden hat, hat Marie einige Hochs und Tiefs erlebt. Sie hat unter anderem einen Blick dafür entwickelt, wie sie häufig wiederkehrende Ängste erkennen und ihrem Ursprung zuordnen kann. „Ich schaff es nicht!", „das halt ich nicht aus!", „ich bin immer allein!" – sind typische Formulierungen, die auf solche Quellen von Angst verweisen. Und wenn sich zu einer Angst Befürchtungen gesellen wie, „das bleibt jetzt für *immer* so, das wird *nie wieder* besser", sind das Indizien, die auf Ängste mit Ursprung in der Kindheit verweisen.

Für Kinder ist die Erwartung, dass Halt von außen kommen muss, ja angemessen. Selbst Kinder mit einem tiefen Weltvertrauen erleben Situationen, die sie nicht selbst steuern können, in denen sie Halt von außen brauchen.

Sind wir erwachsen, sind es dann meist Regression oder Gewohnheit, die bewirken, dass wir uns wieder in solcher Weise vom Außen abhängig machen und fühlen.

Auch Gewohnheit im Sinne vertrauter Selbstbeschreibungen wie „nachts allein zu Haus, das halt ich nicht aus" oder „ich bin halt einfach eine graue Maus" kann Halt geben. Irgendwann, mitunter zufällig entstanden, werden solche Sätze – über Jahre hinweg wiederholt und gelebt – zu unhinterfragten Teilen unseres Selbstbilds. Sie lassen uns, wann immer wir irgendwo allein übernachten müssen oder auf einem Fest eingeladen sind, die immer gleichen Ängste erleben.

Aus dem kindlichen Erleben heraus werden Ängste oft überdimensional groß. Auch die Angst vor der Angst und das Verdrängen von Angst verstärken sie und lassen oft einen Teufelskreis entstehen: Wenn wir uns so von uns selbst und unseren erwachsenen Kompetenzen abtrennen, wird die Abhängigkeit von einem erhofften, uns rettenden Menschen immer größer – und wir werden noch kleiner, hilfloser.

Abhängig machen wir uns, indem wir in subjektiv als bedrohlich erlebten Situationen unsere Möglichkeiten, Halt in uns selbst zu finden, nicht sehen. Im Grunde ist dies eine Art „Wahrnehmungsstörung", die uns aber ganz natürlich erscheint. Nicht zuletzt, weil die gestörte Wahrnehmung unser Selbstbild schützt: Für jemanden, der beziehungsweise die sich damit eingerichtet hat, ein Angsthase zu sein, ist das zwar beunruhigend, aber auch vertraut. Und wer daran gewöhnt ist, sich als Mauerblümchen zu erleben und zu präsentieren, hat dabei vermutlich auch seine heftigen, zum Beispiel vitalen Impulse aussortiert. Wir leiden unter solchen Festlegungen, aber der Gewinn/Halt durch Vertrautheit scheint größer zu sein.

Wenn wir beginnen, vertraute Gewohnheiten und Selbstbilder wie die oben benannten aufzugeben, heißt das, dass wir neue Verantwortungen für uns übernehmen – aber auch neue Möglichkeiten in uns und für uns entdecken werden. Die Angst verliert ihre Macht, sobald wir aufhören, vor ihr zu fliehen.

Ängste sind immer auf die Zukunft bezogen – und sei es eine sehr nahe. Es gibt Ängste, die eine reale Bedrohung melden. Die meisten Ängste jedoch, die uns tagtäglich umtreiben, sind nicht Reaktion auf eine wirkliche, aktuelle Gefahr. Sie sind vielmehr gedanklicher Natur, Konstruktionen, Kopfgeburten. Wie die Zukunft tatsächlich aussieht, können wir nicht wissen.

Solche Ängste vor der Zukunft erweisen sich, wenn wir sie genauer erforschen, oft als Ängste davor, dass etwas in der Vergangenheit Passiertes oder Angedrohtes – etwa in der Art von: „Wenn du nicht …, dann …", oder „Du wirst schon sehen, was Du davon hast!" – in der Zukunft wieder beziehungsweise wirklich passieren wird.

Um aus der Fixierung auf die Vergangenheit und aus der Projektion dieser Vergangenheit auf die Zukunft heraustreten zu können, brauchen wir die Erfahrung von Präsenz, die Erfahrung des Hier und Jetzt. Präsenz wiederum erleben wir, wenn wir uns – zum Beispiel in der Meditation – spüren, unseren Körper, unser Atmen, unsere Mitte.

Wenn wir in der Präsenz sind, gelingt es uns leichter, bei der Erforschung früherer Ängste alte, oft kindliche Überzeugungen zu durchschauen und Schritt für Schritt zu entmachten.

Abhängig machen wir uns aber nicht nur durch die beschriebenen „Wahrnehmungsstörungen" möglichen Halt betreffend, sondern auch, wenn wir uns angstvoll unserem Über-Ich, das heißt fantasierten Über-Ich-Attacken ausliefern. In solchen Situationen fühlen wir uns bei harmloser, oft sogar gut gemeinter Kritik anderer bisweilen heftig entwertet. Oder wir befürchten entwertende Kritik von außen und bemerken nicht, dass es unser Innerer Kritiker ist, den wir auf den anderen projizieren.

Wir machen diese Erfahrungen im ganz normalen Alltag, besonders spürbar aber werden sie, wenn wir uns künstlerisch ausdrücken und dadurch in besonderer Weise persönlich zeigen, exponieren. Die intensive Angst vor Fehlern, Misslingen, Versagen, die viele Menschen dabei empfinden, ist – für sie selbst nicht erkennbar, weil auf andere projiziert – die Angst vor der eigenen Bewertung.

Wie aussichtslos es ist, diesen Ängsten mit dem Impuls zu begegnen, besser zu werden, Fehler künftig vermeiden, perfekt sein zu wollen, zeigt das folgende Beispiel:

Hiltrud ist eigentlich gerne Lehrerin. Sie kommt mit den Schülern auch gut zurecht. Aber der Kontakt mit den Kollegen ist für sie eine belastende Herausforderung. Immer wieder wird sie in Lehrerkonferenzen, Teamsitzungen und auch vom Direktor kritisiert. Obwohl es meist, wie sie im Laufe der Zeit erkennt, sachliche, oft sogar freundliche Kritik ist, erlebt sie in der Situation selbst diese kritischen Kommentare als Attacken, die ihr das Berufsleben zur Qual werden lassen.

Um diesen – vermeintlichen – Angriffen zu entkommen, nimmt Hiltrud sich vor, in den nächsten Sommerferien streng durchzuarbeiten, alle verfügbaren Fachbücher zu lesen, um im neuen Schuljahr endlich, endlich sicher, perfekt zu sein. Sie will nie mehr Kritik von ihren Kollegen erleben müssen.

Nie mehr! Man ahnt schon, dass Hiltruds Perfektionismus nicht zum erhofften Ergebnis führen wird. Ist doch die Vernichtungsangst, die die Kritik der anderen Lehrer auslöst, Teil ihrer eigenen Erlebniswelt.

Dass diese Angst vor der nach außen, das heißt auf Kollegen und den Direktor projizierten eigenen strengen Bewertung eine kindliche Position ist, zeigt sich daran, dass das gefürchtete Urteil als existentiell erlebt wird. So wie für das Kind das eigene Überleben in seiner Vorstellung davon abhängt, dass es ihm gelingt, so zu werden, wie die (strengen) Eltern es von ihm erwarten. Aus diesen realen und fantasierten Erwartungen entwickeln sich Ich-Ideale. Wenn ich diese erfülle, so die Hoffnung, werden meine Bedürfnisse erfüllt und ich werde mich als geliebt erleben. Hiltruds Vernichtungsangst wird vor diesem Hintergrund verständlich, weil sie als Kind mit dem Gefühl groß wurde, dass sie immer tadellos und fehlerfrei sein müsse. Anerkennung für dieses permanente Bemühen zu bekommen, bedeutete für sie Existenzberechtigung – für einen Fehler gerügt zu werden Vernichtung.

Außerdem gehen wir in unserer Angst vor Bewertung oft selbstverständlich davon aus, die anderen seien tatsächlich dauernd mit vernichtenden Urteilen uns gegenüber beschäftigt. So wie Kinder, die alles auf sich beziehen.

Selbsterforschungsübung zur Erfahrung von Angst

Wie wir gesehen haben, ist das Erleben von Angst tief verbunden mit unseren Erfahrungen mangelnden Gehaltenseins und Vertrauens in unserer Kindheit.

Es ist daher hilfreich, den Ursprung unserer Ängste in unserer Kindheit kennen zu lernen und die daraus entstandenen tiefen Überzeugungen zu hinterfragen, um sie nach und nach – jeder Selbsterforschungsprozess bedarf der Geduld – entmachten zu können. Es gibt verschiedene Möglichkeiten, dieser Spur nachzugehen.

1. *Erzähle Dir oder einem Gegenüber die Geschichte Deiner Ängste – seit Deiner Kindheit, so wie sie Dir einfallen. (Du kannst diese Geschichte, so wie sie Dir einfällt, auch aufschreiben.)*

   Unterstützend dabei kann es sein, sich Fotos aus Kindheitstagen anzuschauen oder der Wirkung von Ereignissen aus der Kindheit – zum Beispiel der Trennung der Eltern und von den Eltern – oder Erlebnissen der Eltern – beispielsweise Krieg oder Vertreibung, das heißt Erfahrungen extrem fehlenden Halts – nachzuspüren.

In der konkreten Forschung hilfreich sind auch Fragen wie:

2. *Welche Ängste prägen mein Leben heute?*

   Vielleicht kannst Du versuchen, genau zu beschreiben, wovor Du wirklich Angst hast.

   Was könnte tatsächlich passieren, wenn das Befürchtete einträte? Und wie realistisch ist das? Welche Deiner Ängste in den letzten Wochen wurden ausgelöst durch

- fehlenden Halt, fehlende Sicherheit oder Zuversicht, fehlendes Vertrauen?
- durch Angst vor Bewertung durch den Inneren Richter?

Also durch den Druck, die „richtige" Entscheidung treffen, perfekt sein zu müssen, keine Fehler zu machen, nicht schon wieder zu versagen oder zu weinen oder Ähnliches.

Es kann auch Angst vor der „Strafe" des Inneren Richters sein, wie „Du wirst schon sehen, was dann …, Du wirst immer einsam bleiben…"

Und zum Abschluss die beiden Fragen:

3. *Welche Ängste werden kleiner, wenn ich mir meine erwachsenen Kompetenzen in Erinnerung rufe?*

Du kannst dann

- zum Beispiel nachfragen, wie eine irritierende Geste oder Äußerung gemeint war,
- überprüfen, ob wirklich kein Halt zugänglich ist oder ob es tatsächlich notwendig ist, so perfekt zu sein,
- erwägen, Dir Unterstützung bei Freunden zu suchen,
- versuchen, Dich selbstbewusst gegen den Inneren Kritiker abzugrenzen.

4. *Wie erlebe ich die Erfahrung von Gehaltensein und Unterstützung?*

Wie fühlt sich das an, im Körper (Kontakt von Beinen, Becken, Rücken zum Boden), im Fühlen? Wie bist Du dann im Kontakt mit Dir und anderen?

Diese jeweils abschließenden Fragen übergehen wir oft im psychotherapeutischen Kontext – und im Alltagsleben, wenn wir ein Problem gelöst haben.

Dabei öffnet sich durch diese Perspektive – mit Unterstützung der vorhergehenden Fragen – der Zugang zu den essentiellen Qualitäten unserer Seele. Und wir können diese so ausführlich erleben und genießen, können sie sein.

Die Geschichte vom Zen-Meister und der Sojasoße

> Ein Erdbeben erschütterte den Zen-Tempel, einige Teile fielen in sich zusammen, für viele Mönche war das ein tiefer Schock. Als das Beben sich beruhigte, sagte der Lehrer: „Jetzt hattet ihr die Gelegenheit, zu erleben, wie ein Mann des Zen mit einer Krisensituation umgeht. Ihr werdet bemerkt haben, dass ich nicht in Panik war. Ich war mir in jeder Minute bewusst, was passierte und was zu tun ist. Ich habe euch alle in die Küche geführt, den stabilsten, sichersten Bereich des Tempels. Das war eine gute, richtige Entscheidung, denn wir haben alle ohne Verletzungen überlebt. Trotz meiner Zentriertheit fühlte ich mich allerdings ein wenig angespannt. Ihr habt das vermutlich daran gemerkt, dass ich ein großes Glas Wasser trank, etwas, was ich sonst nicht tue." Einer der Mönche lachte, sagte aber nichts. „Worüber lachst du?", fragte der Lehrer. „Das war kein Wasser", antwortete der Mönch, „das war ein großes Glas Sojasauce."

Um zu lernen, wie wir als Erwachsene Schutz vor unserem Inneren Kritiker und Halt aus uns selbst heraus erleben können, braucht es letztlich einen spirituellen Weg.

Aus diesem Halt heraus können wir dann auch aus Freude lesen, Musik machen, schreiben oder malen – ohne Druck, Angst oder den Zwang zum Perfektionismus. Letzterer, das wird jeder schon erlebt haben, ist ein echter Spielverderber. Er verdirbt uns den Spaß, unsere spontane Freude. Wenn wir hingegen in den Wert unserer Impulse vertrauen, ohne ein perfektes Ergebnis im Visier zu haben, erleben wir wieder Begeisterung, die aus der Seele kommt, wir erleben …

3.

…Vertrauen

*Sicher is', dass nix sicher is',
drum bin i' vorsichtshalber misstrauisch.*

Karl Valentin

Selbsterforschung bedarf des Vertrauens. Eines Vertrauens, das uns die Ruhe und Sicherheit gibt, offen zu bleiben. Das Vertrauen, uns dem gegenüber, was geschieht, nicht zu verschließen, sondern allem mit der Zuversicht zu begegnen, dass es gut ist oder gut sein wird. Auch das Vertrauen, dass wir erkennen, wenn wir uns schützen müssen – und angemessene Wege dafür finden werden.

Für die Selbsterforschung ist Vertrauen in dreifacher Hinsicht zentral:

- als Vertrauen in die essentielle Qualität des Selbsterforschungsprozesses als (spirituellem) Wachstum,
- als Vertrauen in uns selbst. Selbsterforschung lebt davon, dass der oder die Forschende in jedes Gefühl, jeden Impuls oder Gedanken, der sich einstellt – mag er auch noch so befremdlich, scheinbar unsinnig oder auch bedrohlich sein –, vertraut. Das heißt, dass auch unbotmäßige, verwirrende Regungen

wie zum Beispiel Langeweile oder Ärger als wesentlich wahrgenommen und angeschaut, in die Selbsterforschung mit einbezogen werden. Ohne dass wir uns einmischen, korrigieren, abwehren – also ohne all das, was wir sonst mit unliebsamen Gefühlen oder Gedanken zu tun gewöhnt sind. Dass wir auch dann noch neugierig und offen bleiben, wenn wir unsicher oder orientierungslos sind, uns überfordert fühlen von unseren Gefühlen, sie für völlig unpassend halten oder nicht spüren wollen, weil wir glauben, dass es „sinnlos" ist, „nichts bringt", Gefühle erst einmal einfach zu spüren.

- Schließlich braucht es das Vertrauen in unser Gegenüber: Selbsterforschung lebt davon, dass ich meine Mitteilung – das, was ich von mir schon zeigen kann – vertrauensvoll fließen lasse, dass sie beim anderen gut aufgehoben ist.

Vertrauen ermöglicht, dass wir uns öffnen. Öffnen können wir uns leichter, wenn wir spüren, dass unser Gegenüber Mitgefühl hat. Mitgefühl für unsere tastenden Selbsterforschungsversuche – und Mitgefühl für unsere menschlichen Begrenztheiten und Nöte.

Dieses Vertrauen beginnt vielleicht als punktuelles Vertrauen. Aus diesem vorläufigen Vertrauen kann ein Vertrauen als innere Haltung, als ein essentieller Zustand entstehen. Das bedeutet, dass ich wirklich offen bin – für mich, genau so, wie ich bin; und für dich, genau so, wie du bist. Dass ich mich nicht sortiere und dich nicht einordne, mich nicht für Dich passend mache und dich nicht passend mache für mich.

Diesen essentiellen Zustand des Vertrauens müssen wir nicht herbeiführen, wir haben ihn in uns, er ist ein Teil von uns, ein Geschenk der Seele an uns.

Ein Geschenk ist dieses Vertrauen auch insofern, als dass es uns eine offene und differenzierte Wahrnehmung der Welt ermöglicht. Eine Wahrnehmung, die uns letztlich besser schützt, als wenn wir eng, misstrauisch und verschlossen durchs Leben gehen. Das mag verblüffen, paradox erscheinen. Denn wenn ich offen bin,

bin ich schließlich auch verletzbar – unvermeidlich. Aber diese Offenheit beinhaltet eben auch Wachheit, während wir uns in der Verschlossenheit unserer Möglichkeiten berauben, angemessen zu handeln und zu reagieren.

Auf Nichts kann man sich verlassen

> Einmal borgte sich ein Bekannter eine Geldsumme von Mulla Nasruddin. Der Mulla war überzeugt davon, er würde das Geld nie mehr sehen, entsprach aber der Bitte des Bekannten. Pünktlich und vollständig bekam er das Geld zurück. Mulla Nasruddin kam ins Grübeln. Etwas später bat ihn der gleiche Mann wieder um ein Darlehen und sagte: „Du weißt ja, dass du dich auf mich verlassen kannst. Ich habe dich in der Vergangenheit nicht im Stich gelassen."
> „Aber dieses Mal nicht, du Gauner", erwiderte Nasruddin. „Du hast mich schon letztes Mal getäuscht, als ich sicher war, dass du nicht zurückzahlen würdest. Ein zweites Mal kommst du mir nicht davon!"

Wenn wir „dichtmachen", heißt das ja nicht, dass wir dadurch Unstimmigkeiten oder Probleme bewältigen. Wir nehmen sie nur weniger wahr. Hier können alle Abwehrmechanismen wirksam werden, die wir (s. S. 70) kennen gelernt haben.

Sich vertrauensvoll im Leben zu bewegen bedeutet, dass wir die Wachheit und den Mut haben, (uns) Fehler einzugestehen und wahrzunehmen, dass wir jemanden verletzt haben oder verletzt sind. Es kann auch heißen, sich einzugestehen, dass wir in bestimmten Situationen oder Begegnungen nicht vertrauensvoll sein können, ohne dass wir uns dafür verurteilen.

Wenn wir uns verletzt fühlen, fordert dies unsere Bereitschaft, zu vertrauen, auf besondere Weise heraus. Sind wir doch gewohnt, auf eine Verletzung mit Rückzug oder Verteidigung zu reagieren. Mitten in einer frischen Verletzung offen zu bleiben, kann das sinnvoll sein, gut gehen? Zu schauen, ob der andere mich wirklich nicht sieht – ohne dass dies automatisch böse gemeint sein muss – oder ob er vielleicht etwas sieht, was ich nicht zu sehen vermag, weil es mein Selbstbild in Frage stellt, ist eine Herausforderung. Zumal, wenn dabei zentrale Säulen unseres Selbstbildes ins Wanken geraten, was eine fundamentale Unsicherheit oder auch Scham hervorruft. Das anzunehmen fällt uns so schwer, dass wir am liebsten Reißaus nehmen, uns in Verteidigungsfeldzüge und Vorwürfe flüchten.

Catherine erzählt in der Gruppe, dass sie langsam an ihrem Freund zu zweifeln beginnt. Immer wieder, wenn sie bedürftig oder in Not ist und ihn bittet, sie zu halten und zu trösten, weicht er ihr aus und zieht sich zurück. Catherine ist verletzt und fragt sich, ob sie überhaupt noch in seine Liebe vertrauen kann. Wenn Matthias sie wirklich liebte, müsste es doch leicht und ganz selbstverständlich für ihn sein, ihr Bedürfnis zu erfüllen.

Erst nachdem sie eine Weile geschimpft hat, beginnt Catherine traurig und schließlich nachdenklich zu werden. Ihr wird bewusst, dass sie ihr Vertrauen in Matthias' Liebe zu ihr davon abhängig macht, ob er ihre Bedürfnisse erfüllt. Seine Erklärungen, warum er manchmal nicht darauf eingehen kann, lässt sie nicht gelten, wertet sie als Ausrede. Sie vertraut weder in seine Liebe noch in die Möglichkeit, dass Matthias' Verhalten einer ihm eigenen Wahrheit folgt, die genauso berechtigt ist wie die Wahrheit ihrer Bedürftigkeit. Ihr fehlt es an Vertrauen, nicht nur in die Gefühle und Motive ihres Freundes, sondern auch in die Stimmigkeit des Prozesses, in die jede Wahrheit eingehen kann.

Erst im geschützten Rahmen der Gruppe kann sie erkennen, dass sich in der vermeintlichen Verweigerung ihres Freundes nicht etwa Hartherzigkeit oder ein Schwinden der Liebe äußert, sondern dass vielmehr ihrer beider emotionale Bedürfnisse schlicht nicht immer harmonieren. Für Catherine äußert sich Liebe darin, dass Matthias immer für sie da ist, wenn sie ihn braucht. Für Matthias hingegen ist gerade der Mut zum Abstand ein Ausdruck von Vertrauen in ihre Liebe, und er wünscht sich, dass Catherine das sehen kann.

Als sie diesen Zusammenhang zu ahnen beginnt, wird ihr in einem weiteren Schritt deutlich, dass ihr Freund ihr auch mehr zutraut, als sie sich selbst. Weil er nicht auf die hilflose Bedürftigkeit reagiert, mit der sie sich in bestimmten Situationen präsentiert, sondern ihre Möglichkeiten, Halt in sich selbst zu finden, realistischer wahrnimmt als sie selbst. Als sie auch das erkennt, kehrt das Vertrauen in ihren Freund und in ihrer beider Liebe zurück.

Catherines Erzählung hat Anita aufhorchen lassen. Bei ihr sei es genau umgekehrt, erzählt sie. Früher sei sie auch so bedürftig gewesen, aber inzwischen habe sie öfter den Wunsch nach Alleinsein und Distanz als ihr Freund. Das führe immer häufiger zu Konflikten zwischen ihnen. Jetzt zum Beispiel stehe wieder ein gemeinsamer Urlaub an. Sie fürchte schon die ganze Zeit, nicht genug Raum für sich selbst zu bekommen, und ihr Freund reagiere zunehmend verletzt und unterstelle ihr, sie wolle gar nicht wirklich mit ihm verreisen. Inzwischen stimme das zum Teil sogar, zumindest wenn sie sich vorstellt, dass sie sich wieder wird rechtfertigen müssen, wenn sie mal einen halben Tag allein sein will. Tatsächlich würde sie in solchen Situationen auch oft übellaunig, schroff und manchmal gemein. Das verwirrt sie, denn so will sie nicht sein. Außerdem könnte sie die durch Zwist erkämpften Freiräume gar nicht mehr genießen.

Anita hat das Vertrauen in sich wie in die unbefangene Gemeinsamkeit mit ihrem Freund verloren. Vertrauen in sich, weil sich ihr Bedürfnis nach Distanz nicht frei, sondern verquer äußert. Das verunsichert sie. Sie bekommt selbst das Gefühl, sie sei im Unrecht, zu anspruchsvoll, liebe vielleicht sogar ihren Freund nicht mehr. Und sie kann sich über das Bedürfnis ihres Freundes nach mehr

Gemeinsamkeit und Nähe nicht mehr freuen, sondern beginnt innerlich sofort, sich zu verteidigen. Das verletzt natürlich den Freund, der sich zurückgewiesen fühlt. So erleben sie sich beide als nicht wahrgenommen vom anderen. Zum Verzweifeln ist das!

Durch Catherines Erzählung, in der ihr das Erleben ihres Freundes nachvollziehbar geworden ist, kann Anita im Laufe der Zeit all dies in der Gruppe aussprechen. Zur ihrem Erstaunen ist danach ihre Freude auf den gemeinsamen Urlaub plötzlich wieder da. Sie begreift, dass die Bedürfnisse ihres Freundes kein Versuch sind, sie einzuengen oder ihr ihre Wahrheit abzusprechen, sondern einfach der Ausdruck seiner Wahrheit. Und sie bekommt Lust, das Zusammenspiel ihrer beider Wahrheiten kennen zu lernen.

Erfahrungen wie die von Catherine und Anita, die wir alle in vielfältigen Ausprägungen kennen, zeigen, dass wir festgelegte Vorstellungen haben von dem, was Vertrauen heißt. Vorstellungen, die uns immer wieder darin bestärken, nicht zu vertrauen. Das ist schade. Denn dieser Haltung liegt letztlich ein fehlendes Verständnis von dem, was Vertrauen wirklich bedeutet, zugrunde. Tatsächlich gibt es Stufen von Vertrauen, die wir uns in ihrer Unterschiedlichkeit meist nicht bewusst machen.

Auf einer *ersten* Stufe vertrauen wir nur so lange, wie der andere uns nicht verletzt.

Heinz trifft seinen Bekannten Wilfried, zu dem er erst seit kurzem Kontakt hat, zu einem Spaziergang.

Wilfried fängt bald an, ausführlich über seine Freundin, mit der er schon lange zusammen ist, herzuziehen, zählt all ihre „schweren" Verfehlungen auf und bezeichnet sie sogar abschätzig als „Borderlinerin". Trennen wolle er sich aber nicht von ihr, auch weil die Wohnung, in der er mit ihr gemeinsam lebt, so schön sei.

Heinz erlebt die gnadenlose Abwertung, die Respektlosigkeit und einseitige Schuldzuweisung von Wilfried als sehr unangenehm. Aber er weiß nicht so recht, ob und wie er damit rausrücken kann. Und

bevor er den Mut und den Dreh findet, seine Wahrnehmung mitzuteilen, wendet Wilfried sich plötzlich direkt an ihn:
„Wenn ich bei meinen Freunden mein Herz ausschütten und auch mal über meine Beziehung reden möchte, kritisieren sie mich und lehnen mich ab. Nicht wahr, Du würdest mich nicht so verletzen, Dir kann ich vertrauen?!"

Diese Stufe von Vertrauen wirkt wie ein Maulkorb.

Auf der *zweiten* Stufe von Vertrauen gehen wir davon aus, dass das Aussprechen einer möglicherweise verletzenden Wahrheit nicht grundsätzlich gegen ein wechselseitiges Vertrauen verstößt. Dass im Gegenteil die Mitteilung einer solchen Wahrheit auf etwas Wesentliches aufmerksam machen kann, zum Beispiel eine Wunde, die wehtun könnte und die wir deshalb bis jetzt geschützt haben. Der häufig zu hörende Vorwurf, „Du hast mich verletzt!", ist nämlich im Grunde eine irreführende Formulierung. Tatsächlich weisen die sogenannten „verletzenden Bemerkungen" auf eine Wunde hin, die schon da war. Indem sie ans Licht kommt, hat die Wunde eine Chance, zu heilen.

Wenn wir in diesem Sinne vertrauen, müssen wir uns beim Aussprechen einer unliebsamen Wahrheit nicht als vertrauensunwürdig erleben, selbst wenn der andere dieses Vertrauen nicht teilt und uns vorwirft: „Du hast mich verletzt!" Wir werden dann allerdings nicht mehr alles aussprechen, was für uns wahr ist. Diese Distanz ist zunächst unvermeidlich.

Eine alte Wunde von Wilfried, die „verletzt" wird, also ans Licht kommen könnte, ist seine frühe Erfahrung, dass ihm nie jemand zugehört, ihn niemand ernst genommen hat, wenn er von seinen Nöten gesprochen hat. Er wurde im Gegenteil sogar abgelehnt.

Entsprechend offensiv schützt er diese Wunde heute mit Schuldzuweisungen und seiner Einforderung von unbedingter „Vertrauenswürdigkeit". Auf diese Weise bleibt die Wunde für ihn aber unsichtbar, unbewusst. Sie kann nicht verstanden und verschmerzt werden.

Auf der *dritten* Stufe haben wir Kontakt zur essentiellen Qualität von Vertrauen. Das heißt, wir beginnen mehr und mehr zu vertrauen, dass all unsere Wahrnehmungen, Erlebnisse und unser innerer Prozess geführt sind von einer elementar unterstützenden Kraft, die der Entfaltung dient.

Wie spüren wir essentielles Vertrauen?
Wir sind entspannt, furchtlos, folgen neugierig den Regungen unseres Herzens. Wir nehmen unsere Impulse unmittelbar wahr und können sie direkt umsetzen. Wir erleben Stille und Konzentration.

Vertrauen zu spüren ist ein Prozess mit vielen Facetten und verschiedenen Ebenen. Wenn wir uns um Vertrauen bemühen, begegnen wir unweigerlich Ängsten, (Über-Ich)-Attacken und natürlich unserem Misstrauen. Und auch wenn wir bei bestimmten Themen oder Menschen und in bestimmten Situationen selbstverständlich vertrauensvoll sein können, gibt es daneben andere, in denen wir keinen Zugang zum Vertrauen haben. Zum Beispiel, wenn wir Wut als bedrohlich erleben, das heißt uns kindliche Erfahrungen einholen. Wer als Kind mit dem Verbot groß geworden ist „Ich darf auf meine Mutter nicht wütend sein!", wird sich auch später schwertun, Wut auf Menschen, von denen er sich abhängig fühlt, wahrzunehmen und ihr zu vertrauen.

Oder wir können Trauer, die wir jetzt spüren, nicht vertrauensvoll annehmen, weil wir fürchten, dass wir dann wieder nächtelang nicht schlafen oder in eine Depression wie im letzten Jahr rutschen. Vertrauen als essentielle Qualität würde hier bedeuten, sich offen für die Trauer *jetzt* zu interessieren – in dem Bewusstsein, dass Erfahrungen sich nie völlig gleich wiederholen, dass niemand „zweimal in den gleichen Fluss steigt" (Heraklit). Trauer zu durchleben kann sich dann offenbaren als ein Weg, etwas buchstäblich zu verschmerzen und zu heilen.

Essentielles Vertrauen ist nicht zu verwechseln mit dem sogenannten „blinden Vertrauen". Blindes Vertrauen basiert auf punktuellen Verleugnungen oder Verdrängungen – essentielles Vertrauen ist verbunden mit einer unbedingten Liebe zur Wahrheit.

Vertrauen und Mitgefühl können ihre produktive, heilende Wirkung dann am besten entfalten, wenn sie dem anderen und zugleich uns selbst gelten. Dazu sei noch einmal eine Geschichte von Stefanie erzählt.

Stefanies Sohn ist, wie wir wissen, in der Pubertät. Da gehören Genervtsein und eruptive Reaktionen zum Alltag. Leider ist Stefanie in ihrem Perfektionismus aber überaus kränkbar. Und wenn sie einsieht, dass sie tatsächlich einen Fehler gemacht hat, reagiert sie mit heftigen Selbstattacken. Die wiederum machen ihren Sohn unsicher und wütend, weil die selbstvernichtende Reaktion seiner Mutter in ihm das Gefühl hervorruft, seine Kritik sei etwas „sehr Böses" gewesen. Dabei hat er sich doch nur aufgeregt, weil seine Mutter mal wieder…

In einer Selbsterforschungsstunde über Vertrauen wird Stefanie bewusst, dass im Grunde sie es ist, die bestimmte Situationen mit ihrem fehlenden Selbstvertrauen immer wieder in die Eskalation treibt. Sie ist erleichtert, sie wird das jetzt ganz anders machen.

Zwei Tage später kommt ihr Sohn tobend in die Küche: „Warum hast Du das Ladegerät ausgestöpselt? Jetzt hab ich keinen Saft, keinen Mucks macht mein Handy und ich kann mich nicht verabreden!" Oh, Mist, ja, sie hat die Steckdose zum Bügeln gebraucht und vergessen, Thomas' Ladegerät wieder einzustecken. Das ist ärgerlich. Aber auch nicht mehr. Stefanie entschuldigt sich bei Thomas und bietet ihm an, dass er seine Freunde ausnahmsweise vom Festnetz auf deren Handy anrufen kann. Das will ihr Sohn aber nicht, sie bräuchten Zeit, müssten noch etwas regeln und überhaupt… Stefanie spürt die bösen Sätze und die Hilflosigkeit den Nacken hochsteigen, doch dann entsinnt sie sich: Sie lässt ihn entschieden wissen, dass ihr Versehen ihr leid tue, aber wenn er ihr Angebot nicht annehmen wolle, müsse er wohl einfach warten, bis sein Handy aufgeladen ist.

Thomas schaut verdutzt. Stefanie wendet sich wieder ihrem Pflaumenkuchen zu. Nach einer Weile fragt ihr Sohn: „Gibt's davon auch schon was zum Frühstück?" – Während das Handy sich auflädt, essen Stefanie und Thomas Pflaumenkuchen auf dem Balkon.

Wenn wir versuchen, Vertrauen als Grundhaltung zu üben, werden wir wacher, durchlässiger, und wir werden immer neue Spuren entdecken, denen zu folgen uns vielfältige Erfahrungen mit uns selbst, mit anderen und mit „der Welt" eröffnet. Vertrauen von Moment zu Moment zu üben, stärkt unsere Fähigkeit, dem Leben überhaupt vertrauensvoll zu begegnen. Nicht in dem Sinne, dass jeder Tag ein toller wird, an dem wir unentwegt glücklich sind. Sondern als Zuversicht, dass wir mit den Hindernissen umgehen können, die uns – an manchen Tagen unweigerlich – begegnen; oder aber großzügig mit uns selbst sein können, wenn uns das noch nicht so gut gelingt.

Selbsterforschungsübung zum Vertrauen

Um essentielles Vertrauen zugänglich, erfahrbar zu machen, ist es hilfreich, Deine persönlichen Überzeugungen und Prägungen bezüglich Vertrauen zu erforschen; sie zunächst überhaupt wahrzunehmen, dann zu verstehen. Ein Öffnen für eine neue Erfahrung von Vertrauen kann beginnen. Und auch diese neue Qualität der Seele zu beschreiben ist unterstützend.

Lass Dich beim Forschen anregen vom eben Gelesenen und den folgenden Forschungsfragen:

1. *Was ist gut daran, nicht zu vertrauen?*

    Du kannst Deine Lebensgeschichte in Bezug auf Deine Erfahrungen mit Vertrauen anschauen oder einzelne Situationen, in denen Du einprägsame Erfahrungen mit Vertrauen gemacht hast. Wo berühren sie Erlebnisse von Verletzbarkeit, Mitgefühl oder Liebe zur Wahrheit?

2. *Was ist gut daran, meinen eigenen Wahrnehmungen, Gefühlen, meinem Erleben nicht zu vertrauen?*

Hier geht es um unsere eigenen Gefühle, Wahrnehmungen etc.: Vielleicht vertraue ich einer Art von Leichtigkeit und Zuversicht nicht, weil doch alles immer so schwierig war.

Oder ich spüre Traurigkeit und vertraue nicht, sondern will sie loswerden, weil ich ja nicht depressiv werden will.

3. *Wie mische ich mich in mein Erleben, in meine Gefühle, Wahrnehmungen ein?*

Du kritisierst Dich vielleicht dafür oder Du versuchst, Dich zu manipulieren: „Es ist besser zu verzeihen, als so sauer und vorwurfsvoll zu sein" oder „Wie kann man nur immer so negativ sein, wie ich …?!"

4. *Wie erlebe ich Vertrauen? Im Körper, in meinem Erleben, im Kontakt mit anderen?*

Wie fühlt sich das an, wie bin ich dann?

Psycho

Neurobiologische Hintergründe von Angst und Vertrauen

Welch weitreichende Auswirkungen eine Atmosphäre von Angst für Kinder hat und wie wichtig eine Halt und Vertrauen vermittelnde Atmosphäre für Kinder ist, zeigen die folgenden an der Harvard Universität ermittelten Forschungsergebnisse: „Entgegen verbreiteten Überzeugungen können Ereignisse, die eine tiefer gehende Angst triggern, einen signifikanten und lang anhaltenden Einfluss auf das sich entwickelnde Kind haben. Sie (die Kinder) lernen, solche Ereignisse und auch deren Begleitumstände mit Angst zu verknüpfen.

Chronische und intensive Angst in früher Kindheit beeinflusst die Entwicklung des Stress-Antwort- Systems im Körper und auch die Verarbeitung der emotionalen Erinnerungen. Dies geschieht durch epigenetische (das heißt reversible) Veränderungen unserer Gene.

Kinder entwachsen nicht einfach diesen früh gelernten Angstreaktionen (…) – sie aus der gefährlichen Umgebung zu entfernen, wird diese Einflüsse und die beschriebenen Prägungen nicht löschen.

Wenn Kinder früh dauerhaft stark angstauslösenden Situationen ausgesetzt waren, schränkt das ihre Fähigkeit, zu lernen, ein (…) Das hat nachteilige Folgen nicht nur für das Lernen in der Schule, sondern auch später am Arbeitsplatz.

Solche Kinder zeigen sehr eingeschränkte Leistungen bei der Bewältigung von Aufgaben, die dem ‚präfrontalen Kortex' unserer Hirnrinde zugeschrieben werden, zum Beispiel dem Arbeitsgedächtnis, der Aufmerksamkeit und der Gefühlsregulation. Auch Gewaltbereitschaft und eingeschränkte soziale Kompetenz sind assoziiert mit Defiziten im präfrontalen Kortex unseres Gehirns. Die emotionale Entwicklung unserer Kinder ist in die Architektur ihrer Gehirne eingebaut."[30] Epigenetische Prägungen sind unter günstigen Bedingungen, zum Beispiel durch Psychotherapie oder Meditation grundsätzlich reversibel.

Bezogen auf Angstbewältigung von Erwachsenen hat eine wissenschaftliche Untersuchung ergeben, dass auch hier eine regelmäßige Meditationspraxis heilsam wirkt, nämlich zu einer verminderten Ängstlichkeit, geringerem Lampenfieber, führt.[31]

4.

Über-Ich – Innerer Richter: zum Umgang mit Kritik

Die Geschichte vom Bauern und seinem Pferd

Es war einmal ein Bauer in einem sehr alten Königreich. Der Bauer war arm, aber er hatte ein kluges und edles, wertvolles Pferd. An diesem besonderen Pferd war der König des Landes sehr interessiert. Die Nachbarn und Freunde des Bauern sagten: „Verkauf doch das Pferd an den König, dann kannst du dir vom Erlös viele andere Pferde kaufen und bist nicht mehr arm". Der Bauer aber liebte das Pferd und verkaufte es nicht.
Kurz darauf lief das Pferd in die Wildnis davon.
Da sagten die Leute: „Siehst du, es wäre besser gewesen, du hättest es verkauft, jetzt hast du gar nichts." Der Bauer aber sagte: „Ich weiß nicht, ob es besser oder schlechter ist – es ist einfach weg."
Wenige Tage später kam das Pferd mit vielen anderen wilden Pferden aus der Wildnis zurück – der Bauer hatte plötzlich viele wertvolle Pferde. Und die Leute sagten: „Du hattest Recht, es war besser, das Pferd nicht zu verkaufen."

> Der Bauer aber antwortete: „Ich weiß nicht, ob es besser oder schlechter, richtig oder falsch war – Sie sind jetzt halt da."
> Der Sohn des Bauern ritt die wilden Pferde zu und brach sich dabei beide Beine.
> Da sagten die Leute: „Du hattest Recht, es war doch nicht gut, dass Du so viele Pferde bekommen hast".
> Der Bauer antwortete wiederum: „Ich weiß nicht, ob es gut oder schlecht war."
> Kurz darauf begann der König einen aussichtslosen Krieg gegen einen anderen König und es war zu erwarten, dass die meisten Krieger und alle jungen Männer in den Krieg müssten und sterben würden; nur der Sohn des Bauern musste nicht in den Krieg, denn er hatte ja beide Beine gebrochen. Da sagten die Leute: „Du hattest Recht, es war gut, dass …" Der Bauer aber meinte: „Ich weiß nicht, ob es gut oder schlecht war …"

Er ist klug, der Bauer in dieser Geschichte. Oder doch lebenserfahren. Er hat begriffen, dass wir oft nicht wissen – nicht wissen können –, ob etwas richtig oder falsch ist.

Gleichzeitig ist es für Kinder natürlich zentral, durch Erwachsene klar übermittelt zu bekommen, was richtig und was falsch, was gut oder schlecht ist. Wir lernen, dass wir mit den schön-bunten, fahrenden Autos auf der Straße nicht spielen und nicht jede einladend rote Beere essen dürfen. Wir lernen, dass wir nicht fliegen und deshalb auch nicht von jeder Höhe eines Baumes herunterspringen können. Wir lernen, dass Messer scharf sind und Kerzenflammen zwar schön leuchten, aber höllisch schmerzen, wenn wir hineingreifen. Über Gebote und Verbote lernen wir die Welt kennen und zugleich, in ihr zu überleben. Wir lernen, was gut und böse ist, und wir lernen auch, oft durch implizite Botschaften, was „man macht und was nicht".

In jeder Kultur und in jeder Familie gibt es eigene Regeln und Normen, die uns als verbindlich übermittelt werden; bei „heiklen" Themen zum Beispiel durch ein stummes oder explizites „Darüber spricht man nicht!".

Wir lernen auch, dass wir unsere Zugehörigkeit, die Zuwendung und Liebe der Eltern gefährden, wenn wir gegen deren Regeln verstoßen. Als Kinder aber wollen wir im Gegenteil den Eltern unbedingt nah sein. Also versuchen wir, uns so anzupassen, dass wir ihnen möglichst gleichen. Dieses Bemühen ist ein wesentlicher Baustein bei der Entstehung unseres Ego-Ichs.

Die Bereitschaft zur Anpassung übertragen wir im Laufe unserer Entwicklung auf andere Gruppen, denen wir uns anschließen. Denn Gruppen bieten zwar Zugehörigkeit, aber sie verlangen auch Konformität und fordern dadurch einen dauernden Balanceakt zwischen Anpassung, Unterwerfung und Eigenständigkeit.

Während wir uns im Zuge des Erwachsenwerdens von den Eltern zunehmend abgrenzen und schließlich ablösen, nehmen wir die Normen, Regeln, Verbote und Gebote, die sie uns vermittelt haben, in uns auf. So entsteht unser Über-Ich.

Der Begriff „Über-Ich" gehört zur psychoanalytischen Begrifflichkeit. Auch wenn die dahinter stehenden Konzepte nicht ganz deckungsgleich sind, verwenden wir die Begriffe „Innerer Richter" und „Innerer Kritiker" synonym mit „Über-Ich".

Das Über-Ich besteht aus internalisierten strengen Elternstimmen. Regeln, die immer befolgt werden müssen. Das Über-Ich dient dem Überleben. Als solches ist es eine produktive, unverzichtbare Instanz. Aber das Über-Ich ist zugleich eng, rigide und dadurch entwicklungsfeindlich. Es zwingt uns Haltungen und Handlungen auf, derer wir vielleicht längst nicht mehr bedürfen, die wir aber früh und tief verinnerlicht haben. Daher bekommen wir, wenn wir uns nicht danach richten, ein schlechtes Gewissen – in unserer Terminologie: Wir erleben einen Angriff des Inneren Richters, des Über-Ichs.

Diese Angriffe sind häufig unterschwellig, wir müssen sie uns erst bewusst machen.

Typische Angriffssätze des Inneren Richters lauten etwa:

„Wie kann man nur …?!"
„Schon wieder passiert Dir das, checkst Du das denn nie?!"
„Du wirst nie; Du wirst immer …!"
„Wieso kannst Du nicht …?!"
„Wenn Du auch so langsam bist …!"
„Ich bin doch immer der Letzte!"
„Bild Dir bloß nicht ein, Du könntest … – DU doch nicht!"
„Ich bin doch so ein Depp …!"

Oft zeigt sich das Über-Ich auch nicht in offen wertenden, urteilenden Sätzen, sondern als vermeintlich Rat gebende Instanz. Während wir also in scheinbar wohlmeinenden Sätzen zu uns sprechen, treibt uns tatsächlich der Innere Kritiker zu Anpassung und Selbstverbesserung:

„*Du* solltest *wirklich selbstbewusster auftreten!*"
„*Ich* müsste *mich einfach viel mehr anstrengen!*"
„*Ich* sollte *lieber zurückhaltender sein!*"

Mitunter sind solche Über-Ich Sätze zunächst auch gar nicht abwertend. Aber sie treten als absolut und endgültig auf und entfalten dadurch eine destruktive Wirkung. So impliziert beispielsweise die Überzeugung „Ich kann halt nicht vor vielen Leuten sprechen…", dass sich das nie ändern wird und dass jeder Mensch es können sollte. Solche impliziten Wertungen üben oft ebenso Druck aus wie Regeln, die sich wie die folgenden explizit als allgemeingültig präsentieren.

„Das geht ja überhaupt nicht!"
„Das tut man nicht!"
„Wenn das jeder machen würde!"

Letztlich sind immer wir selbst es, die den Druck ausüben. Wir erleben uns unter Druck, *weil wir uns Druck machen!*

Häufig begegnet uns das Über-Ich auch in „Wenn-dann"-Drohungen:

„Wenn Du Dich nicht wirklich anstrengst, wirst Du beruflich scheitern!"

„Wenn Du nicht jeden, wirklich jeden Tag übst, lernst Du nie meditieren!"

„Wenn Du nicht sparsam lebst, wirst Du eines Tages mittellos in einer Absteige enden!"

Problematisch an diesen drohenden Prognosen ist, dass sie uns, wenn wir uns daran halten, die Möglichkeit verstellen, zu erleben, dass wir unsere Ziele vielleicht eher auf anderem Weg erreichen: mit Leichtigkeit, mit Freude, spielerisch.

All die Sätze und Erfahrungen, die wir oben beschrieben haben, tauchen natürlich auch in Beziehungen auf – und entwickeln auch hier ihre destruktive Wirkung. Wir alle kennen Situationen, wo eine Auseinandersetzung in Sätze wie „Du bist eh nie …!" – „Du bist immer …!" – „Wieso kannst Du nicht endlich mal …?!" oder „Mit Dir kann man nie …!" münden. Sätze, die erfahrungsgemäß nicht zu Verständnis füreinander führen, sondern zur Eskalation. Fatalerweise sind wir oft im Kontakt mit anderen sogar weniger aufmerksam für Über-Ich-Attacken, als wenn wir allein sind. Weil sich das Über-Ich dann im Sinne von „aber ich hab doch Recht" äußert. Plötzlich wissen wir ganz genau, wie man etwas macht, wie nicht und warum das, was unser Gegenüber denkt, tut oder von uns verlangt, „absolut daneben ist". Wenn wir in einer Auseinandersetzung merken, dass wir überzeugt sind, hundertprozentig im Recht zu sein, sprechen wir mit Sicherheit gerade vom Über-Ich aus.

Dann gilt das Gleiche wie in der Begegnung mit uns selbst: innehalten, bemerken, dass gerade der Innere Richter spricht, Distanz gewinnen zu rigiden Positionen – und dann den Blick für den anderen öffnen. Denn wenn das Über-Ich uns bestimmt, übersehen wir, dass wir die Sicht des Gegenübers, die genauso berechtigt ist, entwerten. „Wenn sich jemand völlig im Recht fühlt, soll er sich als Erstes beim Partner entschuldigen", lautet denn auch eine bewährte Intervention in der Paartherapie.

Wenn Sie Lust haben, einmal die ganze Vielfalt ihrer höchstpersönlichen Über-Ich-Botschaften kennen zu lernen, gibt es in der Gestalttherapie dazu eine Übung:

Stellen Sie sich vor, ein naher Mensch würde all die Bewertungen, die Sie unentwegt gegen sich selbst richten, als Kommentar unzensiert den ganzen Tag über aussprechen, dieses „Wie kannst Du nur, Du bist doch der letzte Idiot, langsamer geht's wohl nicht, wie Du wieder aussiehst, furchtbar Deine Schrift, jetzt red` nicht so ängstlich mit diesem Versicherungsmenschen, kein Wunder, dass Du dauernd übers Ohr gehauen wirst, so wird doch nie was aus Dir …!"

Nehmen Sie sich Zeit, die Wirkung dieser Art des Mit-sich-Umgehens auf ihre Seele zu spüren. Reagieren Sie verletzt, verschließen Sie sich, fühlen Sie sich klein und minderwertig? Oder werden Sie hart, schlagen zurück?

Selbst die Stimme des Angreifers zu übernehmen, sich also mit dem Über-Ich zu identifizieren, ist eine spezielle Form, unter dem Einfluss des Inneren Kritikers zu stehen. Wir treten dann unsererseits als strenge, urteilende Kraft auf, beschimpfen uns oder andere: „Wie kann man auch nur so schlampig putzen!" entmutigen uns oder andere: „Du, zum Ballett, mit Deinen Stampfern? Das kannst Du glatt vergessen!"

Wenn wir so zum Sprachrohr des Über-Ichs werden, könnte man den Eindruck gewinnen, wir seien in einer starken Position. Tatsächlich aber sind auch wir als Angreifer durchdrungen von der destruktiven Energie des Urteilens, das heißt, auch uns geht es nicht wirklich gut in dieser Situation. Das lässt sich unmittelbar erkennen in Situationen, in denen wir einen (nahen) Menschen, der krank oder in Not ist, begleiten. Wenn wir dann mit der schmerzhaften Begrenztheit unserer Möglichkeiten konfrontiert sind und unser Innerer Richter uns zu immer noch mehr Fürsorge antreibt, dann kann unser guter Wille leicht vom erschöpften „Ich kann nicht mehr" übergehen in eine stumme, unmutige Attacke gegen den anderen: „Jetzt reiß Dich doch mal ein bisschen zusammen!"

Auf einer besonders perfiden Form der Identifikation mit einem äußeren Aggressor basieren jene Fernsehshows, in denen Studiogäste zur Erheiterung der Zuschauer fertig gemacht werden. Wie ist es möglich, dass sich harmlose – das heißt nicht dezidiert sadistische – Menschen darüber amüsieren, wie andere verhöhnt und gedemütigt werden? Ist es die Zufriedenheit, dass es einen nicht selbst trifft? Wählen die Zuschauer die Identifikation mit dem Inneren Richter, um sich selbst stark zu fühlen?

Offenbar ist der Druck, dem wir alltäglich durch das Über-Ich ausgesetzt sind, so groß, dass wir solche Ventile dankbar annehmen.

Wie wirkt das Über-Ich im Prozess der Selbsterforschung?

Das Über-Ich ist, wie wir gesehen haben, im Erwachsenenalter entwicklungsfeindlich. Mit dieser Qualität steht es der zentralen Bewegung der Selbsterforschungsarbeit entgegen. In der Selbsterforschung geht es um Lebendigkeit – das heißt um Offenheit für permanente Veränderung. Während sich das Über-Ich daran orientiert, was richtig und falsch ist – sprich oft auch an dem, was man immer so gemacht, was sich bewährt hat –, versuchen wir in der Selbsterforschung in jedem Augenblick zu erspüren, was stimmig ist. Anstelle vereinfachender Schwarz-Weiß-Gegensätze, entdecken wir Farbenvielfalt und Zwischentöne. Genau diesen Prozess versucht das Über-Ich permanent zu stören, zu entwerten, zu ersetzen. Seine Angriffe sind oft unterschwellig und subtil. Im Alltag bleiben uns diese strengen, entwicklungsfeindlichen Botschaften meist unbewusst. Wir spüren die Über-Ich-Attacken aber eindeutig an der Wirkung:

Der Fahrradausflug ist genau so schön, wie Heinz ihn sich vorgestellt hat. Der Weg führt immer am Fluss entlang, klarer Sonnenschein, der Wind streicht kühl über seine Haut. Doch dann bemerkt er, dass er schon seit einer Weile all das nicht mehr wirklich spürt. Eng und verschlossen fühlt er sich, richtig deprimiert – die üppige, heitere Natur erreicht ihn nicht mehr. Was ist los? Heinz, selbsterforschungserfahren, überprüft, ob die plötzliche Verdüsterung seiner Stimmung mit einer Attacke des Inneren Richters zusammenhängen könnte. Aber wodurch könnte die mitten in der unbeschwerten Flusslandschaft ausgelöst worden sein? Begonnen hat es bald nachdem er von seinem letzten Rastplatz aufgebrochen ist. Nämlich als ihm klar wurde, dass der Zug, den er braucht, um rechtzeitig wieder nach Hause zu kommen, möglicherweise an dem kleinen Dorfbahnhof, den er gerade ansteuert, gar nicht hält. Vor lauter Vorbereitungen hat er vergessen, das zu überprüfen. „Das hättest Du nun wirklich noch machen können", hatte er gedacht, „es hätte Dich nur wenige Sekunden gekostet! Jetzt kommst Du, wenn Du Pech hast, erst tief in der Nacht nach Hause, nur weil Du zu blöd bist, so hastig warst beim Aufbruch!"

Kein Wunder, dass seine Freude dahin ist, bei so viel Verurteilung und Drohung. Unser Innerer Richter kann tatsächlich gnadenlos sein – auch schon bei kleinen menschlichen Versehen oder harmlosen Fehlern.

Wenn wir plötzlich die Freude verlieren, uns der Mut zu einer Unternehmung verlässt, wir Schuldgefühle bekommen, eine diffuse Verunsicherung, Nervosität oder gar Verzweiflung uns erfasst, ist das häufig ein Zeichen für eine unterschwellige Über-Ich-Attacke. Im Alltag gehen wir darüber in der Regel hinweg. Oder wir reagieren auf die unguten Gefühle eng und streng – und schrauben uns immer tiefer hinein. So wie Uwe in der folgenden Geschichte:

Die Krankenkasse fordert für die Familienversicherung die Finanzamtsmitteilung vom letzten Jahr. Aber Uwe findet das blöde Ding nicht und wird immer wütender, dass er so schlecht organisiert ist. Er könnte auf die Rückkehr seiner Frau warten, vielleicht weiß die mehr. Aber seine Wut auf sich selbst macht ihn ganz fertig, die will er loswerden. Also steigt er trotz strahlenden Sonnenscheins runter zu den Bürokisten im Keller. Seine Suche bleibt ergebnislos. Nun ist er nicht nur wütend wegen seiner Unordnung, sondern auch noch, weil er, statt das schöne Wetter zu genießen, im feuchten Dunkel Kisten durchstöbert. Gleichzeitig hat ihn sein Perfektionismus jetzt voll im Griff: Er muss diesen Wisch finden!

Er findet ihn nicht. Der schöne Tag ist hin! Mit jeder Viertelstunde, die er sucht, fühlt er sich getriebener, zorniger, untauglicher. Irgendwann ist das Hauptziel seiner Suche gar nicht mehr, die Urkunde zu finden, sondern das scheußliche Gefühl von Versagen loszuwerden. Folgerichtig kann er sich, als seine Frau ihm abends erklärt, dass sie Unterlagen für den Bafög-Antrag der Tochter kopiert und noch nicht wieder abgeheftet hat, keinen Moment lang freuen, dass der Schrieb endlich da ist. Nein, jetzt ist er wütend auf seine Frau, verurteilt sie. Und all das läuft in ihm ab, ohne dass es irgendwo eine Möglichkeit gibt, diesen unseligen Prozess aufzuhalten.

Meint Uwe. Tatsächlich wäre es an jedem Punkt dieser Abwärtsspirale möglich, innezuhalten und zu bemerken, dass ihn das Über-Ich mal wieder fest im Griff hat.

In der Selbsterforschungsarbeit ist die genauere Betrachtung von Über-Ich-Attacken ein zentraler Punkt. Besonders knifflig sind da oft jene Angriffe des Inneren Richters, deren destruktives Potential sich nicht aus dem Inhalt der Sätze ergibt. Sie sind nur an der Wirkung erkennbar. Auch das soll eine Geschichte verdeutlichen:

Heinz hat nach einigen Wochen Telefon-Pause spontan Lust, seine Muttern anzurufen. Auf sein offenes „hallo, ich bin's", antwortet sie mit „schön, dass du mal wieder anrufst!".
Heinz erstarrt innerlich. Plötzlich hat er überhaupt keine Lust mehr, mit seiner Mutter zu sprechen. Er ist wütend, reagiert unwirsch auf ihre freundlichen Fragen. Warum hat er sie bloß angerufen?!
Als er wenig später auflegt, geht es ihm schlecht und er bereut, seinem spontanen Impuls nachgegangen zu sein.

Was ist geschehen? Heinz erzählt seiner Frau von dem verunglückten Gespräch – und durch deren Rückfragen wird ihm plötzlich deutlich, dass er beim ersten Satz seiner Mutter ein „Schön, dass du *endlich* mal wieder anrufst!" gehört und auf den vermeintlichen Vorwurf mit Unwillen und Rückzug reagiert hat. Der Inhalt der beiden Sätze ist fast identisch, aber der zweite, fantasierte, hat Heinz' Inneren Richter wachgerufen.

Es gibt viele Sätze des Über-Ichs, die wie Fragen daherkommen. Zum Beispiel: „Wieso lasse ich mir das immer noch gefallen?" oder „Wieso kann ich nicht selbstbewusster auftreten?" – vergleichbare Sätze aus Ihrem eigenen Repertoire werden Ihnen gewiss einfallen.

„Wieso lasse ich mir das immer noch gefallen?" Als Über-Ich-Satz macht er uns klein, vermittelt uns das Gefühl, schlecht, ein Versager, eine Versagerin zu sein. Als echte Frage aber wirkt er öffnend: Wir interessieren uns wirklich für die Antwort, werden neugierig.

Den Unterschied zwischen den beiden inhaltlich identischen Sätzen erkennen wir also nur an der Wirkung!

Solche Prozesse zu realisieren und zu verstehen, üben wir in der Selbsterforschung. Wir wenden uns zunächst irritierenden oder unbequemen Gefühlen zu, erkennen sie als Auswirkungen einer uns nicht bewussten Über-Ich-Attacke und fragen uns: Was geschieht da genau? Wichtig ist bei solchen Prozessen, dass wir nicht versuchen, mit dem Über-Ich zu argumentieren oder uns ihm gegenüber zu rechtfertigen. Das führt zu nichts. Das Über-Ich kann nicht einsichtig sein. Aber wenn wir sein Wirken wahrnehmen, können wir uns distanzieren, aus seinem Einflussbereich heraus und in Kontakt mit unseren seelischen Bedürfnissen treten.

Selbsterforschungsübung zur Wirkung des Über-Ichs

1. *Woran merke ich die Wirkung des Über-Ichs?*

    Es kann sein, dass Du eng und hart wirst. Andere werden mürrisch, ruppig oder „machen zu". Oder der Augenkontakt mit anderen ist nicht mehr möglich.

2. *Für was ist es gut, meine Unvollkommenheit abzuwerten?*

    Vielleicht wegen der vermeintlichen „Kraft" und Härte, die das vermittelt, oder der Aussicht auf Selbstverbesserung.

3. *Wie ist meine Erfahrung, wenn ich meiner Unvollkommenheiten freundlich Raum gebe? Wie erlebe und spüre ich das? Wie wirkt es?*

Bei jeder Selbsterforschungsübung kann das Über-Ich auftauchen: Wenn uns zum Beispiel nichts „Gescheites" einfällt, weil wir leer sind, die Frage nicht kapieren oder meinen, das Thema verfehlt zu haben. Das ist jedes Mal eine gute Gelegenheit, dem Über-Ich auf die Spur zu kommen, seine Wirkung zu bemerken und sich zu distanzieren.

Wir begegnen unserem Über-Ich bei der Selbsterforschungsarbeit und auch sonst in unserem Leben auf Schritt und Tritt. Beim Forschen fühlt es sich mitunter sogar so an, als würden die Attacken durch die Forschungsarbeit schlimmer. Tatsächlich aber ist dieses verstärkte Erleben ein Durchgangsstadium. Wir machen uns das Erlebte nur bewusster. Dadurch verliert das Über-Ich seine Macht.

Manchmal gelingt das allein. Wenn wir erkannt haben, welcher Satz uns gerade in die Enge treibt, können wir ihm allein dadurch, dass wir seine Herkunft, seinen Kontext (wieder-)erkennen, seine Wirkungsmacht nehmen. Oft aber sind die Wirkungen des Über-Ichs so heftig und unbewusst, dass wir ein Gegenüber brauchen, das uns die zerstörerische Wirkung, an die wir uns schon so gewöhnt haben, spiegelt und mitfühlend Anteil nimmt. So werden wir weich, berührbar – und sind gleichzeitig nicht mehr im Bann des Über-Ichs.

Über-Ich-Attacken können an ganz unterschiedlichen Punkten ansetzen. Sie hängen zusammen mit den jeweiligen Ich-Idealen, die wir in der Kindheit ausgebildet haben und die uns oft nicht bewusst sind. Das Über-Ich hat die Aufgabe, dafür zu sorgen, dass wir diese Ideale auch erfüllen.

Stefanie kommt völlig aufgelöst in die Gruppensitzung. Ihr Bruder liegt nach einem Unfall im Koma, erzählt sie; niemand, der nicht verstünde, dass Stefanie mit den Tränen kämpft. Doch als ein Gruppenmitglied sein Mitgefühl ausdrückt, schüttelt Stefanie den Kopf: Ja, es sei schrecklich, was mit ihrem Bruder passiert sei. Aber jetzt gerade belaste sie viel mehr, dass sie sich, als sie ihn im Krankenhaus besucht hat, so hat gehen lassen. Sie fühlt sich schlecht und schuldig, weil sie an seinem Bett so hemmungslos geweint hat.

Nach längerem Forschen wird deutlich, womit Stefanie tatsächlich kämpft: Ihr Ich-Ideal verlangt Selbstkontrolle, moderate Gefühlsäußerungen. Dagegen hat sie eindeutig verstoßen. Sie war „wie immer viel zu emotional". Erst als ihr dieser Zusammenhang bewusst wird, kann sie sich die Situation noch einmal vergegenwärtigen. Und nun wird deutlich, dass sie durch ihre spontane Emotionalität nicht nur nichts Böses getan, sondern vielleicht sogar Kontakt erreicht hat. Gut möglich, dass ihr Bruder sie gerade an ihrer Art, so hemmungslos zu weinen, erkannt hat, dass ihre Tränen Nähe erzeugt haben.

Obwohl das Über-Ich also, wie Stefanies Beispiel zeigt, mit seinen absoluten Regeln „daneben liegt", unterwerfen wir uns ihm immer wieder aufs Neue. Warum? Weil es mit Bestrafung droht, weil es uns Halt und Orientierung gibt. Und weil den Geboten des Über-Ichs zu folgen uns – aus unserer kindlichen Erfahrung heraus – Liebe und Zugehörigkeit verspricht. Diese Unterwerfung, auch die unbewusste, verstärkt aber unsere Identifikation mit unreifen, jedoch vertrauten Selbstbildern.

Vom Über-Ich bestimmt zu werden heißt immer, dass wir uns in einer hierarchischen Struktur bewegen, in der wir uns, in der Position des Kindes, den strengen Eltern fügen. Auch wenn wir dagegen rebellieren, lösen wir uns nur scheinbar, weil wir uns in dieser Rebellion weiter an den Regeln der Eltern orientieren – jetzt, indem wir sie bekämpfen.

Wie erfindungsreich und allgegenwärtig das Über-Ich tatsächlich ist, zeigt sich auch daran, dass es sich sogar in unsere spirituelle Suche einschleicht: Die neuen Ziele wie Achtsamkeit, Entspannung, Offenheit etc. werden zu Ich-Ideal-Werten, die wir unbedingt erreichen wollen. Dann strengen wir uns an und verurteilen uns, wenn wir versagen – sei es, indem wir beim Meditieren fast nur denken, die Meditationsübung selbst völlig vergessen – oder uns zu zwingen versuchen mit Sätzen wie:

„Du musst halt mehr Disziplin aufbringen!"
„Andere kriegen das doch auch hin!"
„Wieso hab ich es auch schon wieder vergessen?!"

Inhaltlich erscheinen solche Mahnungen wie eine wirklich gut gemeinte Hilfe. Auch hier ist nur an der Wirkung zu erkennen, dass tatsächlich das Über-Ich am Werk ist. Die Wirkung nämlich ist beispielsweise, dass wir uns unfähig oder unter Druck fühlen – statt entspannt – und dann die Lust ganz verlieren oder mit Härte „Meditation trainieren".

Dabei brauchen wir bisweilen tatsächlich Hilfe, Unterstützung. Nur ist diese mit den Methoden des Über-Ichs nicht zu bekommen. Auch wenn wir versuchen, einmal „erreichte" spirituelle Erfahrungen in der Meditation festzuhalten, ist dies kein aussichtsreicher Weg.

Wir könnten uns aber um tatsächlich wirksame Unterstützung kümmern. Zum Beispiel, indem wir uns einer Meditations- oder Yogagruppe anschließen, einen regelmäßigen Meditationstermin mit einem Freund vereinbaren oder Ähnliches.

Selbsterforschungsübung zur Wirkung des Über-Ichs in der spirituellen Praxis

1. *Welche spirituellen Idealziele habe ich?*

   Versuche zunächst einmal, Deine Ziele nur für Dich herauszufinden, ohne sie zu bewerten. Sie sind nicht notwendig identisch mit dem, was in Büchern empfohlen wird. Vielleicht willst Du gar nicht täglich meditieren, sondern lieber Gelassenheit gewinnen bei Deinen alltäglichen Verrichtungen oder beides.

2. *Woran merke ich, wenn eines meiner spirituellen Ziele dem Über-Ich anheimgefallen ist?*

    Das kann eine rigide Enge sein, Druck oder Verbissenheit beim Bemühen um Deine Ziele.

3. *Was unterstützt mich bei meiner spirituellen Praxis?*

    Mag sein, dass für Dich zehn Minuten Meditation besser sind als 30, zu gehen besser als zu sitzen ist oder beides abwechselnd zu tun.

Die Kraft des Über-Ichs

Die Begegnung und Auseinandersetzung mit den Stimmen und Botschaften des Inneren Richters sind ein bisweilen mühevoller Prozess, der viel Ausdauer und Geduld verlangt. Oft erleben wir uns heftigen Über-Ich-Attacken regelrecht ausgeliefert, fühlen uns kraftlos ihnen gegenüber. Woher aber stammt diese Wucht des Über-Ichs?

Tatsächlich ist es unsere eigene Kraft und wir selbst sind es, die diese für die Ziele des Über-Ichs einsetzen. Es ist unsere eigene Kraft, die uns in diesen Momenten als Kraft des Über-Ichs begegnet. Vielleicht scheint das erst einmal schwer nachvollziehbar.

Doch wir haben als Kinder ja gemerkt, wie stark der Vater war, wenn er seine Gebote, Verbote und Strafen verkündete. So stark wollen wir natürlich auch sein. Was liegt näher, als seine Methode zu übernehmen, um unsere Kraft zu spüren, uns anzutreiben, einzuzuengen, zu bestrafen und unter Druck zu setzen?!

Inhaltlich sind unsere Ziele in solchen Situationen oft durchaus erstrebenswert. Also setzen wir die Kraft in gewohnter, gut gelernter Weise zunächst einmal automatisch, „Über-Ich-mäßig" ein.

Um wieder frei über unsere Kraft verfügen zu können, so wie es uns gut tut, uns freundlich und wirkungsvoll unterstützt, brauchen wir Distanz, ein entschiedenes Nein gegenüber der automatisierten Über-Ich-Haltung. Durch diese Entschiedenheit wird uns unsere Kraft wieder zu eigen. Sie, die Entschiedenheit, ist gleichzeitig die Quelle der Kraft und ihr stimmiger Ausdruck.

Auch diesem Prozess der „Rückeroberung" dient die Selbsterforschung. Oft braucht es dabei einen Menschen, Vertrauten oder Lehrer, der uns zunächst spiegelt, wie grausam wir mit uns umgehen, unsere Kraft gegen uns einsetzen. Einen Lehrer oder Vertrauten, der in seiner Kraft ruht, an dem wir uns vorübergehend orientieren können.

Langsam, mit jeder Erfahrung, in der wir selbst unsere Kraft erleben, wachsen wir in diese eigene Kraft hinein – so wie es in dem zu Beginn zitierten Brief von Rilke beschrieben wird.

Wir erkennen, dass die Werte und Anforderungen des Über-Ichs keine universellen, allgemeinen Menschenrechte sind, sondern einfach die, die uns in unserer Sozialisation vermittelt wurden, die wir verinnerlicht haben. Es wird offenkundig, wie sehr wir uns einschränken und schaden, wenn wir unsere Kraft für die Durchsetzung dieser Werte einsetzen. Wir begreifen, dass andere Menschen andere Werte haben – und dass auch wir eigene Werte in uns tragen. Wir folgen nicht mehr blind übernommenen Normen, schließen uns aber auch nicht blind denen anderer, denen wir uns zugehörig fühlen, an. Wir wägen ab und beginnen, uns für unsere eigenen Werte, unsere eigene Wahrheit zu interessieren und kraftvoll dafür einzutreten. Wir werden zu Königinnen und Königen im eigenen Haus:

> Es war einmal ein weiser König. Er hatte verschiedene Minister und Berater, für Inneres, Äußeres, Kultur etc. Sie berieten ihn gut, er behandelte sie respektvoll, nahm die Meinungen aller ernst, entschied aber erst nach Zusammenschau aller Informationen und Stellungnahmen.

Eines Tages verreiste der König. Er war so lange fern von seinem Reich, dass die Berater schließlich vergaßen, wie das Land früher regiert wurde. Sie übernahmen die Herrschaft, jeder führte sich selbst auf wie ein König, bis sie völlig aus dem Blick verloren hatten, dass es einmal einen weisen König gab. Das Reich wurde einerseits sehr streng und zugleich voller Willkür regiert, je nachdem, welcher Berater gerade das Sagen, die Macht hatte. Auch meinte jeder, Recht zu haben, obwohl er nur sein jeweiliges begrenztes Ressort im Blick hatte. Und jeder wollte sich durchsetzen.
Als der König nach langer Zeit wieder zurückkam, hatte er alle Hände voll zu tun. Die Berater widersprachen einander und meinten, der König müsse nach ihrer Pfeife tanzen. Sie wollten ihre Macht nicht einfach wieder aufgeben. Doch der König war ein guter Herrscher. Er ließ jeden Berater seine Position vortragen und überdachte diese in aller Ruhe – allein. Erst danach verkündete er seine Entscheidungen und Anweisungen. Die Berater kehrten auf die ihnen zustehenden Posten zurück und es war wieder deutlich, wer den Überblick und die Entscheidungskompetenz hatte. So kehrten Ruhe und Eintracht ein und der König regierte zum Wohle aller.

Ist das Vertrauen in die eigene Kraft und den eigenen Mut wiederhergestellt, wird es uns immer öfter zu eigener Stabilität, zu für uns stimmigen, wahren Erlebnissen und Entscheidungen führen.

Es vollzieht sich ein zweiter Schritt der Ablösung von den Eltern: Wir trennen uns jetzt auch von ihren Botschaften, die wir internalisiert hatten. An die Stelle der verinnerlichten Stimmen tritt Autonomie.

Das ist ein langer, im Grunde lebenslanger Prozess. Wer sich darauf einlässt, wird jedoch nicht erst „am Ziel" belohnt, sondern erfährt von Beginn an den Zuwachs an innerer Ruhe und Freiheit, die sich einstellen, wenn die strengen und starren Über-Ich-Regeln durch die eigene Wahrheit ersetzt werden.

Anleitungen zum Umgang mit Über-Ich-Attacken

1. Täglich mehrmals innehalten und überprüfen, ob die Wirkung einer Über-Ich-Attacke spürbar ist – sei es, dass sie gerade stattgefunden hat oder schon eine Weile zurückliegt.
2. Der Wirkung dieser Attacke bei sich nachspüren und dabei sich selbst, soweit das geht, mitfühlend und liebevoll begegnen.
3. Dann Raum schaffen mit einem „Stopp, *so* nicht!" Dabei die eigene Kraft in diesem *„Stopp!"* spüren.
4. Nicht rechtfertigen, verteidigen oder mit dem Über-Ich kämpfen. Das Über-Ich kann nicht einsichtig sein.
5. Dem Über-Ich allenfalls mit Humor begegnen, zum Beispiel durch Übertreibung: „Ja genau, ich bin nicht nur einfach unfähig, nein, ich bin der allermieseste Meditierende auf der ganzen Welt!" oder „Genau! Wenn das jeder machen würde – dann wär's jetzt normal!" Oder mit gezielter, gelassener Distanzierung. „So what? Ist mir völlig egal!" – „Troll dich, quäl zur Abwechslung mal jemand anderes!"

Wenn solche Distanzierung nicht gelingt, jemanden anrufen, sich unterstützen und an die einzelnen Schritte erinnern lassen.

Nicht aufgeben! Das Über-Ich ist sehr kreativ darin, neue Inhalte und Wege für seine Attacken zu finden. Antworte mit Deiner eigenen Kreativität. Und mache Dir stets bewusst, dass das Erleben verstärkter Über-Ich-Attacken nicht bedeutet, dass sie schlimmer, zahlreicher werden, sondern dass Du ihnen bewusster begegnest.

Nobody is perfect

Das Über-Ich in der Wissenschaft

Eine Studie zu perfektionistischen Gedanken hat ergeben, dass automatische perfektionistische Gedanken bei den untersuchten Studenten assoziiert sind mit einer Zunahme an psychosomatischen Symptomen.

Auch häufige negative Selbstbewertungen und eine negative Haltung sich selbst gegenüber führen zu vermehrten perfektionistischen Ansprüchen an sich selbst und somit zur Zunahme von psychosomatischen Symptomen.[32]

Umgekehrt zeigen College-Studenten, die regelmäßig meditieren, signifikant niedrigere Stresslevels und deutlich weniger perfektionistische Gedanken.[33]

VI

Selbsterforschung im Alltag
Mitgefühl und Liebe zur Wahrheit

In der Wissenschaft geht es im Wesentlichen nicht um einen komplizierten mathematischen Formalismus oder eine ritualisierte Abfolge von Experimenten. Viel eher liegt ihr eine Art gewitzte Aufrichtigkeit am Herzen, die dem Bedürfnis entspringt, wirklich wissen zu wollen, was zum Teufel eigentlich los ist!

Saul Paul Sirag

Auch in der Selbsterforschung wollen wir wissen, „was eigentlich los ist". Selbsterforschung ist ein Weg der Wahrheitssuche, ein Ausdruck der Liebe, das zu finden, was ist, was wahr ist. Die Wahrheit beim Selbsterforschungsprozess zu lieben führt zu einem Zusammenspiel von Verstand, Herz und Seele.

Wir entdecken mehr und mehr, dass die Art, wie unser Wesen uns bei der Selbsterforschung führt, eine liebende Qualität hat. Diese Liebe will, dass wir immer tiefer zu unserer Wahrheit kommen, weil das für unsere Seele am stimmigsten ist.

Die Wahrheit unserer Seele öffnet und entfaltet sich immer weiter, wie eine Pflanze, eine Blume, ein Baum.

Auf dem Weg der Wahrheitssuche interessieren wir uns dafür, was ist, was wahr ist – unabhängig davon, welchen Themen, Gefühlen oder Situationen wir begegnen. Wir interessieren uns auch dafür, wie sich unsere Identifizierung mit dem Ego-Ich auf unsere Wahrnehmung der Wirklichkeit auswirkt: Durch diese Identifizierung entstehen „Wahrheiten", die durch den Filter des Ego-Ichs gefärbt oder getrübt sind.

Wie sehen diese Filter, die ein wiederkehrendes Thema im Selbsterforschungsprozess sind, aus?

1. Eine Möglichkeit ist, dass wir eine frühere emotionale Belastung wie beispielsweise eine existentiell bedrohliche Verlassenheit durch die Eltern oder wichtige Bezugspersonen auf jetzige Situationen mit einem Partner übertragen. Wir erleben dann eine aktuelle Trennungssituation als existentiell bedrohlich, fühlen uns verlassen – obwohl der andere nur verreist ist und wir längst erwachsen sind. Dieses Erleben und die „berechtigte" Wut auf den Partner sind eine „relative Wahrheit", die nur sehr bedingt auf die Wirklichkeit zutrifft. Unsere Erwartungen, wie der Partner sein sollte – Erwartungen, die sich absolut berechtigt anfühlen, aber oft sehr unterschiedlich oder gar gegensätzlich sind, wie die Beispiele von Catherine (s. S. 48) und Marie (s. S. 117) gezeigt haben –, lassen uns eine Wahrheit glauben, die so nicht stimmt. Wir sind beispielsweise „felsenfest" überzeugt: „Wenn mein Partner meine Bedürfnisse nicht erfüllt, liebt er mich nicht mehr."

2. Ein zweiter Filter sind Selbstbilder, mit denen wir identifiziert sind, zum Beispiel, dass wir schwach, feige oder ungeschickt sind, ausgeliefert oder kindlich bedürftig. Wir werden aus diesen Überzeugungen heraus manches nicht wagen, weil wir unser Selbstbild für wahr halten, getreu dieser „Wahrheit" handeln. Heinz zum Beispiel, der von seinem Freund Wilfried mit einer Kaskade von Beschimpfungen dessen Freundin betreffend „überfallen" wird (s. S. 132), hat von sich das Bild, dass er ein empathischer Zuhörer ist. Er hat, als der Freund gar nicht aufhören wollte mit seinen Vorwürfen, seinen Impuls, ihn zu konfrontieren, hinuntergeschluckt und stattdessen nach Ausreden gesucht, um das Zusammensein beenden zu können.

Was er nicht ehrlich wahrnehmen konnte, war, dass er seinem Selbstbild des einfühlsamen Zuhörers nicht entsprach. Tatsächlich war er empört. Er konnte diese Empörung aber nicht zeigen, weil er einen Konflikt befürchtete mit seinem Freund – und mit seinem Selbstbild. Allerdings haben seine Ausreden den Konflikt mit seinem Freund nur verschoben; und dem mit seinem Selbstbild entkommt er auch nicht.

3. Die Filter, die durch Ideologie und Religion gebildet werden, betreffen meist nicht nur Einzelne, sondern ganze Bevölkerungsgruppen, die die Wirklichkeit ihren jeweiligen Überzeugungen entsprechend gefärbt wahrnehmen: Für eine christliche Nonne, die mit katholischen Moralvorstellungen groß geworden und identifiziert ist, ist außerehelicher Sex tatsächlich etwas „Böses", sie kann es nicht anders sehen. Und in uns allen, die wir in einem christlichen Wertesystem aufgewachsen sind, steckt ein bisschen Nonne oder Mönch. Für einen Islamisten, der die westlich-kapitalistische Lebenswelt als Sündenpfuhl sieht, ist es tatsächlich „böse", wenn seine Schwester mit einem Christen knutscht.

Für viele Menschen in der westlichen Welt wiederum ist spätestens seit 9/11 der Islam zum Inbegriff des Bedrohlichen, des „Bösen" geworden – eine Haltung, in der sich religiöse und politisch-ideologische Überzeugungen gegenseitig verstärken.

4. Eine weitere Hürde bei der Suche nach der Wahrheit ist unser instinktives Bedürfnis, uns grundsätzlich für das Vertraute und Angenehme zu entscheiden und alles Unangenehme, Unvertraute zu meiden. So bleiben unangenehme Wahrheiten auf der Strecke. Es bedarf einer tiefen inneren Verpflichtung, jenseits dieses „Lustprinzips", das nur nach Bedürfnisbefriedigung oder Sicherheit strebt, zu gelangen und die Wahrheit mehr zu lieben als Annehmlichkeiten und scheinbare Sicherheiten.

5. Eine grundsätzliche Verzerrung unserer Sicht der Wirklichkeit ist schließlich die tiefe Überzeugung unseres Ego-Ichs, dass wir getrennt sind. Getrennt von allen anderen Menschen und getrennt von unseren essentiellen Qualitäten, dass wir also grundsätzlich Mangelwesen sind.

Könnten wir gleichzeitig unsere Einzigartigkeit und Autonomie wie auch unsere Verbundenheit im Wesen und in der Liebe spüren, wie anders könnten wir uns und andere sehen.

Beim Forschen nehmen wir, wie die Übungen zeigen, solche Begrenzungen und Selbstbilder sowie unsere Abwehrversuche und Reaktionsmuster bei bestimmten Gefühlen mit in den Blick – nicht als absolute Wahrheit, aber als etwas, das bewusst wahrzunehmen sich lohnt. Wir überprüfen auch unsere Überzeugungen, Instinkte und unbewussten Glaubenssätze.

Schon ehrlich wahrzunehmen, auf welch vielfältige Weise wir manchmal die Wahrheit ablehnen, ist ein großer Schritt.

Beim immer wieder neu ansetzenden, sich vertiefenden Forschen beginnen sich relative Wahrheiten wie die oben genannten zu klären. Sie können verstanden und verarbeitet werden. Bei Jürgen Habermas findet sich zu diesem Prozess aus philosophischer Sicht in seinem neuesten Buch der Gedanke, nachmetaphysches Denken gehe prinzipiell davon aus, dass sich alles Wissen als revisionsbedürftig herausstellen kann.

Kommt eine tiefere Schicht der Wahrheit zum Vorschein, dann kann das oft zunächst schmerzhaft und verunsichernd sein – aber auch erleichternd, weil die Abwehr-Reaktivitäten, die Ausreden und die Vermeidungsarbeit wegfallen.

> Wenn Wut da ist, wisse, dass sie da ist. Wenn Eifersucht, Abwehr, Streitsucht, Rechthaberei, ein inneres Kind, das Liebe und Aufmerksamkeit fordert, oder irgendein emotionaler Schmerz da sind, was immer ist, erkenne die Wahrheit des Momentes und verweile in der Erkenntnis. Dann wird aus der Beziehung dein Sadhana, deine spirituelle Praxis.
>
> *Eckhart Tolle*

Welche Ressourcen für die Wahrheitsfindung treten zutage, wenn wir zu *der* Ebene unseres Wesens Kontakt haben, die die Wahrheit per se liebt?

Wir erleben den Willen und die Liebe zur Wahrheitsfindung.
Wir sind offen für unser Nicht-Wissen.
Wir spüren den Mut, den es braucht, sich schmerzhaften Wahrheiten anzunähern.
Wir haben Zugang zu unserem Mitgefühl, um diese schmerzhaften Stellen auszuhalten.
Wir können dann auch erforschen, an welchen Punkten wir nicht ehrlich sind, sondern die Wahrheiten, die wir uns zurechtgelegt haben, sogar verteidigen. Als wäre die Wahrheit – wie das Ego-Ich oft unterstellt – unser Feind.
Die Liebe zur Wahrheit hebt diese Abwehr auf. Wir sind nicht mehr im Ego-Ich, sondern verbunden mit unserem Mitgefühl, unserem wahren Wesen – und mit einer tieferen Wahrheit.
Eine der wesentlichen Qualitäten auf dem Weg der Wahrheitssuche ist Mitgefühl. Ohne Mitgefühl können wir nicht ehrlich sein, wenn wir mit Gefühlen wie Scham oder Schuld in Kontakt kommen, wenn wir uns verletzt oder gedemütigt fühlen oder wenn wir Hass, Gnadenlosigkeit und Arroganz in uns begegnen.
Mitgefühl, das kann ein freundlicher Blick sein, eine liebevolle Geste, eine menschliche, gnädige Haltung.
Wenn wir Mitgefühl geben oder empfangen, öffnet sich ein Raum, in dem wir unsere Begrenzungen und schmerzhaften Wahrheiten ertragen, unsere alten Wunden, vielleicht sogar Scham aushalten können. Wir ertragen sie, um dem näher zu kommen, was und wer wir wirklich sind.
Wenn wir uns der Wahrheit mit Liebe zuwenden, werden wir auch herausfinden, dass nicht die Wahrheit, sondern Unwahrheiten und Lügen Leiden erzeugen. Der Schmerz, auf den wir bei der Wahrheitssuche immer wieder stoßen, war schon längst da, er ist nur verdrängt worden.

Mitgefühl dient hier also nicht primär der Vermeidung von Schmerz, sondern lässt uns Schmerz und Verletzung, wenn sie bei der Wahrheitssuche auftauchen, aushalten. Wir begegnen dem Schmerz mit Milde, Liebe und Offenheit. Dadurch verliert er seine bedrohliche Qualität – etwas schmilzt und kann heilen.

Wenn uns jemand mit Mitgefühl anschaut, auch unsere Begrenztheiten und Schattenseiten, dann fällt es uns leichter, ehrlich und offen zu sein. Wir haben das Vertrauen, dass wir uns ehrlich zeigen, so sein können, wie wir sind.

Mitgefühl schützt auch vor dem Inneren Richter, der uns so oft für unsere Schwächen und Mängel verurteilt.

Der Wahrheit Raum zu geben bedeutet nicht, dass dies immer und überall geschehen kann oder soll. Es bedarf des Mitgefühls und der Offenheit, um zu spüren, wann das Gegenüber möglicherweise von dieser Wahrheit überfordert ist und sich schützen muss, so dass die Wahrheit notwendig abprallt und vermutlich wiederum Verletztheit oder Frust erzeugt – beim anderen, aber auch bei einem selbst.

Demut unseren eigenen Wahrheiten gegenüber lässt uns offen werden für das, was wir noch nicht wissen.

Eine weitere Erfahrung ist, dass sich unsere Wahrheiten auch ändern. Zum Beispiel, wenn eine neue Information, die wir noch nicht hatten, oder eine Einsicht neu dazu kommt. Auch dazu braucht es erst einmal Offenheit.

Wir werden beispielsweise die „Wahrheit" einer Wut völlig anders erleben, je nachdem, ob wir mit ihr identifiziert sind und nur daran denken, wie wir sie loswerden können – oder ob wir uns für sie interessieren, für die Energie der Wut und für das, wo sie uns hinführen möchte.

Wir werden auch Eifersucht anders erleben, wenn wir sie nicht zugeben wollen, um ein cooles Selbstbild aufrechtzuerhalten – oder aber ehrlich mit uns sind und uns für sie interessieren. Wenn wir sie offen anschauen und erforschen, können wir entdecken, dass das eigentliche Thema bei der Eifersucht nicht der Nebenbuhler, sondern unser Selbstwert ist: Etwas wird uns klarer über uns selbst.

Auch unser Handeln ändert sich. Wir werden die Gefühle nicht mehr blind im Kontakt mit dem Partner oder Nebenbuhler ausagieren, wie wir es sonst, meist versteckt, tun, sondern werden uns ehrlich unseren Mangel an Selbstwertgefühl eingestehen und Wege finden, daran zu arbeiten. Unser Kontakt zu uns selbst vertieft sich.

Oft öffnet sich die Wahrheit peu à peu in verschiedenen Schichten: Am Beispiel von Marie und Tom (s. S.117) wäre zum Beispiel die

1. Schicht einzusehen, dass es nicht um die Banküberweisung oder die Reise von Tom geht, sondern um die Angst Maries vorm Alleinsein,
2. Schicht zu bemerken, dass nicht vom Partner verlassen zu werden das Problem ist, sondern frühere, wieder aktivierte Kindheitstraumen von Verlassen-Werden,
3. Schicht, dass beide in Kontakt kommen mit ihrer essentiellen Autonomie, einer Wesensqualität.

Liebe zur Wahrheit meint auch Ehrlichkeit gegenüber sich selbst. Wir erleben viele Gefühle, die uns so unangenehm oder peinlich sind, dass wir sie am liebsten nicht wahrhaben wollen und verleugnen. Dazu gehören Minderwertigkeitsgefühle, Ungeduld, Stolz, Sich-ertappt-Fühlen, Scham und Beschämt-Sein, Gereiztheiten, aber auch intensives Berührt-Sein, Tränen.

Wir kommen in Konflikt mit unseren Ideal-Selbstbildern, wenn wir uns eingestehen, wie wenig wir ihnen entsprechen. Wir haben uns oder die Dinge vielleicht nicht so im Griff, wie wir meinen, sind oft ganz und gar nicht gelassen oder manchen Gefühlen ausgelieferter, als wir zugeben wollen.

Wir wollen uns und anderen manchmal nicht eingestehen, dass wir unsicher sind, und überspielen die Unsicherheit zum Beispiel mit „Frozzeln" oder indem wir „den Kaspar machen". Meist werden solche Reaktionen dann zu Gewohnheiten und wir wissen selbst gar nicht mehr genau, dass wir damit über etwas hinwegzutäuschen versuchen. Begegnungen werden oberflächlich und wir sehen zunächst keine Erklärung dafür. Bis wir beginnen, die Entstehung solcher Automatismen Schicht für Schicht offenzulegen: die Abwehr, die Unsicherheit, den Verlust des Kontakts zur Geborgenheit – vielleicht mit der Zeit den Rückgewinn von Aufgehoben-Sein. Unsere Kontakte können so wieder authentischer und erfüllender werden.

Wenn jemand etwas Wahrhaftiges sagt, haben wir Vertrauen zu ihm.
Das Aussprechen von Wahrheiten, die uns besonders schwerfallen, haben ein besonderes Gewicht und eine besondere Wirkung. Wir öffnen uns, vertrauen, sind berührt. Der Kontakt zum Wesen ist vertieft.

> So wie die Seele Berührung liebt, so erkennt und
> liebt sie die Ehrlichkeit, die Wahrheit: Sie geht auf.[34]
>
> *Gila Rogers*

Bei der Selbsterforschung nähern wir uns beständig unserer subjektiven Wahrheit und objektiven Wahrheiten an. Auf diesem spirituellen Weg können wir die wertvollen Erkenntnisse der psychologischen Forschung und psychotherapeutischen Erfahrungen der letzen Jahrzehnte nutzen. Wenn wir zum Beispiel unsere Wut erforschen, entdecken wir zuerst die Verbote aus der Kindheit, dann essentielle Kraft, Mut und Autonomie; beim Thema Angst begegnet uns zuerst der Mangel, dann die Wesensqualität Vertrauen; die Auseinandersetzung mit dem Über-Ich bringt uns dem Mitgefühl näher, und wir gewinnen unsere essentielle Kraft zurück. Beim Forschen selbst werden Neugierde, spielerische Leichtigkeit und essentielle Kontaktfähigkeit freigesetzt. Wegweiser ist

die Freude – Freude an jeder Entdeckung und Entfaltung und das Wiedererwachen jener Freude, die uns den Alltag in seinem Reichtum erleben lässt.
Der Selbsterforschungsprozess ist grundsätzlich ohne End- und Zielpunkt; wir können all unsere Wahrnehmungen und Gefühle immer wieder neu, tiefer und klarer erforschen und können offen bleiben, ohne wissen zu müssen, wo es lang geht und wohin.

Essentielle Qualitäten, mit denen wir beim Forschen in Kontakt kommen, sind universal, objektiv wahr, können von uns allen rein erlebt werden: Freude, Stille, Neugier, Kraft, Leichtigkeit, Offenheit, Liebe und Vertrauen.

Wir wissen um Wahrheit, indem wir sie sind. –
Knowing truth by being it.

A.H. Almaas

Some angels grumble

Every time a man upon the path
Does not keep his
Word,
Some angels grumble
And have to remove a few of
The bets
They had placed upon
His heart
To win.

Einige Engel maulen

Jedes Mal, wenn ein Mensch auf dem spirituellen Weg
Sein Wort nicht hält,
Maulen einige Engel
Und müssen ihre Wetten zurücknehmen,
Die sie auf den Sieg
Seines Herzens
Gesetzt hatten.

Hafiz

Selbsterforschungsübung zur Wahrheitsliebe

1. *Bei welchen meiner Wahrnehmungen und Gefühlen fällt mir Selbstehrlichkeit am schwersten?*

   Scham ist zum Beispiel für die meisten von uns schwer wahrzunehmen. Wir versuchen, sie sofort zu vertuschen oder anders abzuwehren. Oft meiden wir die Ehrlichkeit gegenüber uns selbst auch, wenn wir gekränkt sind oder unbedingt Recht haben wollen.

2. *Wie wirkt es, wenn ich mit Mitgefühl ehrlich mir oder anderen gegenüber bin?*

   Vielleicht wählst Du eine Stelle, wo es Dir üblicherweise nicht leichtfällt, ehrlich zu sein.

Wie im Himmel

Spiegelneuronen und Empathie

Da erfahrene Meditierende die Fähigkeit besitzen, auch subtile mentale Vorgänge und Gefühle differenziert wahrzunehmen und davon zu berichten, können sie präziser Auskünfte über ihr Erleben geben.[35] Sie sind ihrer eigenen inneren Wahrheit näher.

Auch ein Experiment mit drei- bis fünfjährigen Kindern aus Paris, in dem diese entscheiden sollten, ob das, was ihnen erzählt wurde, wahr oder gelogen ist, kam zu eindeutigen Ergebnissen: Dreijährige Kinder glauben demjenigen, der lügt, weniger als dem, der die Wahrheit erzählt. Ab vier Jahren trennen die Kinder auch inhaltlich Lügen von Wahrheit und ab fünf Jahren können sie zusätzlich unterscheiden, ob jemand absichtlich lügt.[36]

Wir kommen von der Wahrheitssuche zur Empathie: Als mögliche neurologische Korrelate von Empathie werden mittlerweile die sogenannten Spiegelneuronen angesehen. Spiegelneuronen nannten Vittorio Gallese und Giacomo Rizzolatti von der Universität Parma Hirnzellen mit der faszinierenden Eigenschaft, quasi aus Sympathie bei der Reflektion oder der Simulation der Bewegung eines anderen Wesens zu feuern. Dies, so Gallese, könnte ein wichtiger Baustein des Mosaiks sein, das unsere sozialen Fähigkeiten erklärt.

Spiegelneuronen sind beteiligt bei Sympathie und Einfühlung, Lernen durch Nachahmung und anderen Formen der menschlichen Kommunikation.[37]

Rizzolatti und Grafton vermuten, dass Spiegelneuronen auch die Brücke zwischen Tun und Kommunizieren bilden. Wäre Sprache somit ein Mittel praktizierter Empathie?[38]

Spiegelneuronen sind, wie Forscher vermuten, auch beteiligt an der „Spiegelung" durch andere Menschen. Kinder sind besonders darauf angewiesen, dass ihre Wahrnehmungen und Gefühle von ihren Eltern beziehungsweise Bezugspersonen gespiegelt werden – Fernseher oder Computerspiele können diese Aufgabe nicht übernehmen. Indem Eltern das Lächeln des Kindes mit einem eigenen Lächeln beantworten, zeigen sie ihm, wie sein eigenes Verhalten auf sie wirkt. So lernt das Kind, Emotionen wahrzunehmen, zu benennen, zu unterscheiden und zu regulieren. Fehlende oder inadäquate Spiegelungen durch die Eltern können zu Verwirrung, Verleugnung von Gefühlen und dysfunktionaler Regulierung führen.[39]

Die Aktivität der Inselzellen im Gehirn, in denen besonders viele Spiegelneuronen verortet sind, kann durch regelmäßiges Meditieren gesteigert werden. Dies war im Experiment vor allem bei negativen, unangenehmen Bedingungen zu beobachten und bei erfahrenen Meditierenden deutlicher als bei Anfängern.[40]

Dieses Ergebnis lässt vermuten, dass regelmäßiges Meditieren die Fähigkeit zu spiegeln und zur Empathie unterstützt.

Unsere Wünsche sind Vorgefühle der Fähigkeiten, die in uns liegen, Vorboten desjenigen, was wir zu leisten imstande sein werden. Was wir können und möchten, stellt sich unserer Einbildungskraft außer uns und in der Zukunft dar; wir fühlen eine Sehnsucht nach dem, was wir schon im Stillen besitzen. So verwandelt ein leidenschaftliches Vorausgreifen das wahrhaft Mögliche in ein erträumtes Wirkliches.

Johann Wolfgang von Goethe
Dichtung und Wahrheit

Anhang

Anmerkungen

1 Die im Text immer wieder auftauchenden grau unterlegten Passagen zu wissenschaftlichen Forschungsergebnissen richten sich an jene Leser und Leserinnen, die sich für diesen Blick auf die Selbsterforschungsarbeit interessieren. Sie können ohne Weiteres übersprungen werden.

2 Kabat-Zinn, Jon, Gesund durch Meditation, Bern 2003, S. 254.

3 Kabat-Zinn, Jon, Zur Besinnung kommen, Freiburg 2005, S. 311.

4 Hölzel, Britta K., Achtsamkeitsmeditation, Aktivierungsmuster und morphologische Veränderungen im Gehirn von Meditierenden, Dissertation an der Universität Giessen 2007.

5 Frei nach Sandra Maitri, The Enneagramm of Passions and Virtues, New York 2005.

6 Brown, Byron, Befreiung vom Inneren Richter, Bielefeld 2001, S. 24f.

7 Brown, Byron, Befreiung vom Inneren Richter, Bielefeld 2001, S. 25f.

8 Brown, Byron, Befreiung vom Inneren Richter, Bielefeld 2001, S. 24f.

9 Drop, S.L., The Depth of the Soul, Hillman's Vision of Psychology, Journal of Humanistic Psychology, 39(3), 1999, S. 56–72.

10 Hell, Daniel, Die Sprache der Seele verstehen, Die Wüstenväter als Therapeuten, Freiburg im Breisgau 2005.

11 Rogers, Gila, Berührung der Seele, Eröffnungsvortrag anlässlich der XVII. Qigong Tage 09 der Österreichischen Qigong Gesellschaft.

12 Schmid, Wilhelm, Die Wiederentdeckung der Seele, Psychologie heute, 9/2010, S. 38.

13 Eisenberg, Leon, The social construction of the human brain, Am. Journal of Psychiatry, 152: 1563, 1995.

14 Kernberg, Otto, Objektbeziehungen und Praxis der Psychoanalyse, Stuttgart 2010.

15 Winnicott, Donald W., Vom Spiel zur Kreativität, Stuttgart 2006.

16 Freud, Anna, Das Ich und die Abwehrmechanismen, Frankfurt am Main 2006.

17 Farb, Norman A. S., et al., Attending to the present, mindfulness meditation reveals distinct neural modes of self-reference, Social Cognitive and Affective Neuroscience (2007) 2(4). S. 313–322, first published online August 13. 2007 (doi:10.1093/scan/nsm030).

18 Büntig, Wolf, Die Seinsdimension in der Potentialorientierten Psychotherapie, Artikel im Zistprogramm: www.zist.de.

19 Hölzl, Britta K., Lazar, Sara et al, Mindfulness practice leads to increases in regional brain gray matter density, Psychiatry Res., 2011 January 30, 191(1), S. 36–43.

20 Pacea, Thaddeus W.W. et al., Effect of compassion meditation on neuroendocrine, innate immune and behavioral responses to psychosocial stress. Europace, Volume 34, Issue 1, Pages 87–98, January 2009 (doi:10.1016/j.psyneuen.208.8.011).

21 Almaas, A.H., Inner Journey Home, Boston 2004, S. 160.

22 Ringwelski, Beate, Felt Sense – ein physiologisches Phänomen? Focusing Journal Nr. 25, November 2010, S. 2–5.

23 Bauer, Joachim, Neurobiologische und soziale Kontexte menschlicher Aggression, Psychotherapie, 17. Jahrg., 2012, Bd. 17, Heft 2, CIP-Medien, München, S. 252 und 256.

24 Ebd., S. 256.

25 Lutz, A., Slagter, H. A., Dunne, J. D., Davidson, R. J., Attention regulation and monitoring in meditation, Trends in Cognitive Sciences, 12 (4) S. 163–169 und Wright, Steven, Day, Andrew and Howells, Kevin, Mindfulness and the treatment of anger problems, Aggression and Violent Behavior, Volume 14, Issue 5. September-October 2009, S. 396–401 (doi:10.1016/j.avb.209.6.008).

26 Ivanovski, B., Malhi, G. S., The psychological and neurophysiological concomitants of mindfulness forms of meditation, Acta Neuropsychiatrica 19, 2007, S. 76–91.

27 Hölzel, Britta K., Achtsamkeitsmeditation, Aktivierungsmuster und morphologische Veränderungen im Gehirn von Meditierenden, Dissertation Uni Giessen 2007.

28 Wataru Sato et al., Misrecognition of facial expressions in delinquents Child and Adolescent Psychiatry and Mental Health, 2009, 3, 27.

29 The 43 Facial Muscles That Reveal Even the Most Fleeting Emotions, A Conversation with Paul Ekman by Judy Foreman, New York Times, August 5, 2003.

30 National Scientific Council on the Developing Child (2010), Persistant Fear and Anxiety can affect Young Children's Learning and Development, Working Paper No 2+9+10, retrieved from www.developingchild.harvard.edu, (frei übersetzt von J. Rabenbauer/G. Michel).

31 Delmonte, M.M., Meditation and anxiety reduction, A literature revue, Clinical Psychology Review Volume 5, Issue 2, 1985, S. 91–102 und Kirsch, Irving, Henry, David, Self-desensitization and meditation in the reduction of public speaking anxiety, Journal of Consulting and Clinical Psychology, Vol 47(3), Jun 1979, S. 536–541 (doi:10.1037/0022–006X.47.3.536).

32 Flett, Gordon L. et al., A mediational model of perfectionistic automatic thoughts and psychosomatic symptoms, The roles of negative affect and daily hassles, Original Research Article, Personality and Individual Differences, In Press, Corrected Proof, Available online 14 January 2012.

33 Burns, Jaimie L. et.al., The Effect of Meditation on Self-Reported Measures of Stress, Anxiety, Depression, and Perfectionism in a College Population, Journal of College Student Psychotherapy, Volume 25, Issue 2, 2011 (DOI:10.1080/87568225.2011.556947).

34 Rogers, Gila, Berührung der Seele, Eröffnungsvortrag anlässlich der XVII. Qigong Tage 2009 der Österreichischen Qigong Gesellschaft.

35 Lutz, A., & Thompson, E., Neurophenomenology, Integrating subjective experience and brain dynamics in the neuroscience of consciousness, Journal of Consciousness Studies, 10, 2003, S. 31–52.

36 Mascaro, Olivier and Sperbera, Dan, The moral, epistemic, and mindreading components of children's vigilance towards deception. Cognition (doi:10.1016/j.cognition.209.5.012).

37 Motluk, Alison, Read my mind, New Scientist magazine, Vol 169, issue 2275, 27/01/2001.

38 Stamenov, Maxim I. and Gallese, Vittorio, Mirror Neurons and the Evolution of Brain and Language, Consciousness Research 42 2002. viii, S. 392ff., zitiert nach: Marco Iacoboni, Woher wir wissen, was andere denken und fühlen, Die neue Wissenschaft der Spiegelneuronen, DVA, München 2009.

39 Stetten, Sonja von, Empathie und Authentizität in der therapeutischen Beziehung, Das intersubjektive Feld zwischen Klient und Therapeut, Abschlussarbeit Gestaltzentrum Baden, 2009.

40 Lutz, A., Brefczynski-Lewis J., Johnstone, T., Davidson R.J., Regulation of the Neural Circuitry of Emotion by Compassion Meditation, Effects of Meditative Expertise, PLoS ONE 3(3), 2008 e1897 (doi:10.1371/journal.pone.0001897).

Quellenverzeichnis

Seite 13:
Rilke, Rainer Maria, Briefe, Frankfurt am Main 1987, Bd.1, S. 50ff.

Seite 33:
Nhat Hanh, Thich, Die fünf Pfeiler der Weisheit, München 2000, S. 24.

Seite 38:
Meibom, Barbara von, Wie Kommunikation gelingt, Petersberg 2012.

Seite 44:
Kafka, Franz, Briefe 1902-1924, Frankfurt am Main 1983, S. 19.

Seite 51:
Haushofer, Marlen, Die Wand, ©1985 Ullstein Buchverlage GmbH, Berlin, S. 185.

Seite 52:
Goethe, Johann Wolfgang von, Torquato Tasso, Hamburger Ausgabe, München 1982, S. 109.

Seite 57:
Desjardins, Arnaud, Die Weisheit des Buddhismus Tag für Tag, München 2003, Datum: 21. Mai.

Seite 69:
Frei nach: Shah, Idries, Das Geheimnis der Derwische, Freiburg 1995, S. 31f.

Seite 77:
Kampmann, Ingrid, Meister Eckhart Brevier, München 2010.

Seite 81:
Remen, Rachel Naomi, Kitchen Table Wisdom, New York 2006, S. 219f.

Seite 102:
Kafka, Franz, Tagebücher 1910-1923, Frankfurt am Main 1986, S. 339.

Seite 114:
Green, John, Das Schicksal ist ein mieser Verräter, Carl Hanser Verlag München 2012, S. 61 ff. Mit freundlicher Genehmigung des Verlags.

Seite 125:
Online Magazin für Meditation, http://www.findyournose.com/was-ist-meditation/220 (zuletzt abgerufen am 11.3.2013).

Seite 127:
Karl Valentin, Zitate-Sammlung,
http://www.karl-valentin.de/zitate/zitatedatenbank.htm
(zuletzt abgerufen am 2.9.2013).

Seite 141:
Frei nach der chinesischen Parabel „Glück im Unglück – Unglück im Glück" (s.a.: http://de.wikipedia.org/wiki/Glück_im_Unglück_–_Unglück_im_Glück. Zuletzt abgerufen am 2.9.2013).

Seite 156:
Frei nach einer mündlich überlieferten Weisheitsgeschichte.

Seite 161:
Projekt L, http://wp1049905.server-he.de/www_projekt-l_de/leben/index_frame.php?id=zitate_p.php (zuletzt abgerufen am 2.9.2013).

Seite 166:
Tolle, Eckhart, Jetzt! Die Kraft der Gegenwart, J. Kamphausen Verlag und Distribution, Bielefeld 2000, S. 216.

Seite 172:
Ladinsky, Daniel, The Subject Tonight Is Love, New York 2003, S. 60. Deutsche Übersetzung durch die Autoren.

Seite 176:
Goethe, Johann Wolfgang von, Dichtung und Wahrheit, Hamburger Ausgabe Band 9, München 1982, S. 386

Literaturhinweise

Almaas, A.H., In die Tiefe des Seins, Realisieren Sie Ihre wahre Natur durch die Praxis der Präsenz, Arbor Verlag, Freiburg 2010.

Almaas, A.H., Essenz, Der diamantene Weg zur inneren Verwirklichung, Arbor Verlag, Freiburg 2009.

Almaas, A.H., Das Elixier der Erleuchtung, Arbor Verlag, Freiburg 2007.

Almaas, A.H., Forschungsreise ins innere Universum, Arbor Verlag, Freiburg 2007.

Almaas, A.H., Das wirkliche Leben beginnt jetzt, Der diamantene Weg des Herzens, Arbor Verlag, Freiburg 2005.

Almaas, A.H., Facetten der Einheit, Das Enneagramm der Heiligen Ideen, Arbor Verlag, Freiburg 2004.

Almaas, A.H., Essentielles Sein, Die Bedeutung des Lebens, Arbor Verlag, Freiburg 2000.

Almaas, A.H., Essentielle Befreiung, Arbor Verlag, Freiburg 1999.

Almaas, A.H., Essentielle Verwirklichung, Arbor Verlag, Freiburg 1998.

Brown, Byron, Befreiung vom inneren Richter, J. Kamphausen Verlag, Bielefeld 2001.

Beaumont, Hunter, Auf die Seele schauen, Spirituelle Psychotherapie, Kösel Verlag, München 2008.

Davis, John, Liebe zur Wahrheit, Eine moderne Weisheitsschule, Der Diamond Approach von A.H. Almaas, J. Kamphausen Verlag, Bielefeld 2002.

Maitri, Sandra, Neun Portraits der Seele, Die spirituelle Dimension des Enneagramms, J. Kamphausen Verlag, Bielefeld 2002.

Metsch, Hans: www.psyon.de/garten

Rogers, Gila auf CD: Berührung der Seele, Eröffnungsvortrag anlässlich der XVII. Qigong Tage 09 der Österreichischen Qigong Gesellschaft.

Seminarhinweise

Kurse der Ridhwanschule von A.H. Almaas:
   www.ridhwan.org

Informationen über den Diamantenen Weg von A.H. Almaas:
   www.ahalmaas.com

Hunter Beaumont:
   www.hiddensymmetry.com

Gila Rogers:
   www.rogers-psych-praxis.de

Zist, Penzberg (Nähe München):
   www.zist.de

Sowie bei Josef Rabenbauer in Freiburg unter:
   www.rabenbauer.eu

Verzeichnis der Selbsterforschungsübungen

Selbsterforschungsübung zur Achtsamkeit 37

Selbsterforschungsübung, die bewertendes Vergleichen
offen legt 49

Selbsterforschungsübung zum Kontakt mit der Seele 58

Selbsterforschungsübung zum Ego-Ich 68

Selbsterforschungsübung zum wahren Selbst 78

Selbsterforschungsübung zur Haltung beim Forschen 93

Selbsterforschungsübung zur Wut 108

Selbsterforschungsübung zur Erfahrung von Angst 123

Selbsterforschungsübung zum Vertrauen 136

Selbsterforschungsübung zur Wirkung des Über-Ichs 151

Selbsterforschungsübung zur Wirkung des Über-Ichs
in der spirituellen Praxis 154

Selbsterforschungsübung zur Wahrheitsliebe 173

Zu den Autoren

Dr. med. Josef Rabenbauer, geboren 1954, ist verheiratet, hat eine Stieftochter und lebt in Freiburg. Als Mediziner hat er nach der internistischen Ausbildung und dem Hubschrauberrettungsdienst die Facharztausbildung für Psychotherapie und Psychosomatik abgeschlossen – mit Training in Tiefenpsychologie, Gestalt-Therapie und Familienstellen. Er arbeitet in eigener Praxis.

Schwerpunkt seiner Arbeit ist die Synthese von Psychotherapie und Spiritualität – die sich aus seiner Ausbildung in der Ridhwanschule (Almaas) speist – und eine phänomenologische Herangehensweise sowie die Integration neurobiologischer Forschungsergebnisse.

Dr. phil. Gabriele Michel, geboren 1955 in Köln, hat zwei Kinder und lebt in Freiburg. Nach zehn Jahren als Dozentin für deutsche Literatur- und Sprachwissenschaft an der Albert-Ludwigs-Universität Freiburg ist sie inzwischen freiberuflich als Autorin und Seminarleiterin tätig.

Veröffentlichungen: „Biografisches Erzählen" (Niermeyer 1985), „Ich trage Dich wie eine Wunde" (Herder 1995), „Die Kunst, sich miteinander wohl zu fühlen" (zusammen mit Hartmut Oberdieck. Junfermann, 2. Aufl. 2007), „Armin Mueller-Stahl. Die Biografie" (List 2000/aufbau 2010).

Literatur aus dem Arbor Verlag

Jon Kabat-Zinn
Achtsamkeit für Anfänger

In diesem Buch zeigt uns Jon Kabat-Zinn, wie wir die Praxis der Achtsamkeit in unser Leben integrieren können. Mit seinen begleiteten Übungen und Meditationen bietet *Achtsamkeit für Anfänger* einen Einstieg für all jene, die mit der Achtsamkeitspraxis noch wenig oder gar keine Berührung hatten. Doch auch den Freunden seiner Arbeit und den Teilnehmern von MBSR-Kursen vermag dieses grundlegende CD-Buch ein täglicher Begleiter auf dem Weg der Achtsamkeitspraxis zu sein.
Die beigefügte Audio-CD lädt uns ein, die Praxis der Achtsamkeit zu entfalten und im Moment zu verweilen. Genau hier, genau jetzt – um so das wahre Potential unseres Menschseins auszuloten.
Wer praktisch in die Welt der Achtsamkeit eintauchen will, findet in diesem Einführungsprogramm alles, was er braucht. Das Basiswerk für alle, die sich für Achtsamkeit interessieren.

Achtsamkeit für Anfänger ist seit Jahren eines der meistverkauften Bücher im Arbor Verlag. In dieser 2013 komplett neuen Ausgabe wurde das Werk grundlegend überarbeitet, umfangreich erweitert und neu eingesprochen von Lienhard Valentin. Als Geschenk an seine deutschen Leserinnen und Leser spricht Jon Kabat-Zinn die einführende Essmeditation in deutscher Sprache.

ISBN 978-3-86781-100-2

Christopher Germer

Der achtsame Weg zur Selbstliebe

Wie man sich von destruktiven Gedanken und Gefühlen befreit

Das Leben ist hart, vieles kann enorm schieflaufen. Oft schämen wir uns dann und werden selbstkritisch. Wir fragen uns: „Warum schaffe ich es nicht?" oder „Warum ich?". Vielleicht setzen wir auch alles daran, uns selbst wieder „in Ordnung zu bringen", und machen damit alles nur noch schlimmer. Doch wir können lernen, mit Kummer und Leid auf eine andere, gesündere Art und Weise umzugehen. Anstatt schwierigen Gefühlen mit erbittertem Widerstand zu begegnen, können wir unseren Schmerz anschauen, beobachten und mit Freundlichkeit und Verständnis darauf reagieren. Das ist Selbstliebe: Wenn wir uns voller Mitgefühl so um uns selbst kümmern, wie wir es bei einem geliebten Menschen tun würden.

Bereits ein Augenblick, in dem wir mitfühlend und liebevoll mit uns selbst umgehen, kann unseren Tag verändern und viele solcher Momente können unserem Leben eine ganz neue Richtung geben. Die Befreiung aus der Falle destruktiver Gedanken und Gefühle durch mitfühlende Selbstliebe kann unsere Selbstachtung von innen heraus stärken und sogar Depressionen und Ängste vertreiben.

Erfahren Sie, wie Sie sich dieses Mitgefühl und diese Liebe entgegenbringen können, wenn Sie sie am dringendsten brauchen: Wenn Sie vor Scham fast vergehen, wenn Sie vor Wut oder Angst die Fäuste ballen oder sich zu verletzlich fühlen, um ein weiteres Familientreffen zu überstehen.

In diesem wichtigen Buch erhellt Christopher Germer die unendliche Vielzahl von Synergien, die zwischen Achtsamkeit und Mitgefühl bestehen. Er zeigt effektive Wege auf, wie wir auf geschickte Weise sicherstellen können, dass wir uns selbst einladen, im liebevollen Herzen des Gewahrseins selbst zu verweilen.

Jon Kabat-Zinn

ISBN 978-3-86781-011-1

Seminare

Die gemeinnützige *Arbor-Seminare gGmbH* organisiert regelmäßig Seminare und Weiterbildungen mit führenden Vertretern achtsamkeitsbasierter Verfahren. Nähere Informationen finden Sie unter:

www.arbor-seminare.de

Online

Umfangreiche Informationen zu unseren Themen, ausführliche Leseproben aller unserer Bücher, einen versandkostenfreien Bestellservice und unseren kostenlosen Newsletter. All das und mehr finden Sie auf unserer Website.

www.arbor-verlag.de